AF217090

Schott Piano Classics

Best of Piano Classics 2

40 Arrangements
of Famous Classical Masterpieces for Piano

40 Bearbeitungen
bekannter klassischer Meisterwerke für Klavier

40 Arrangements
de chefs-d'œuvre classiques célèbres pour piano

(mittelschwer / intermediate / difficulté moyenne)

by / von / de
Hans-Günter Heumann

ED 22975
ISMN 979-0-001-20412-5
ISBN 978-3-3957-9890-1

www.schott-music.com
info@schott-music.com

Mainz · London · Madrid · Paris · New York · Tokyo · Beijing
© 2018 Schott Music GmbH & Co. KG · Weihergarten 5, 55116 Mainz, Germany · Printed in Germany

Inhalt / Contents / Contenu

Air

Orchester-Suite No. 3 D-Dur / D major

BWV 1068

Johann Sebastian Bach
(1685 – 1750)
Arr.: Hans-Günter Heumann

Badinerie

Orchester-Suite No. 2 h-Moll / B minor

BWV 1067

Johann Sebastian Bach
(1685 – 1750)
Arr.: Hans-Günter Heumann

Jesus bleibet meine Freude

Jesu, Joy of Man's Desiring

Kantate No. 147 „Herz und Mund und Tat und Leben"

Johann Sebastian Bach
(1685 – 1750)
Arr.: Hans-Günter Heumann

Kraft,

mei — ner Au — gen

Lust____ und Son — ne,

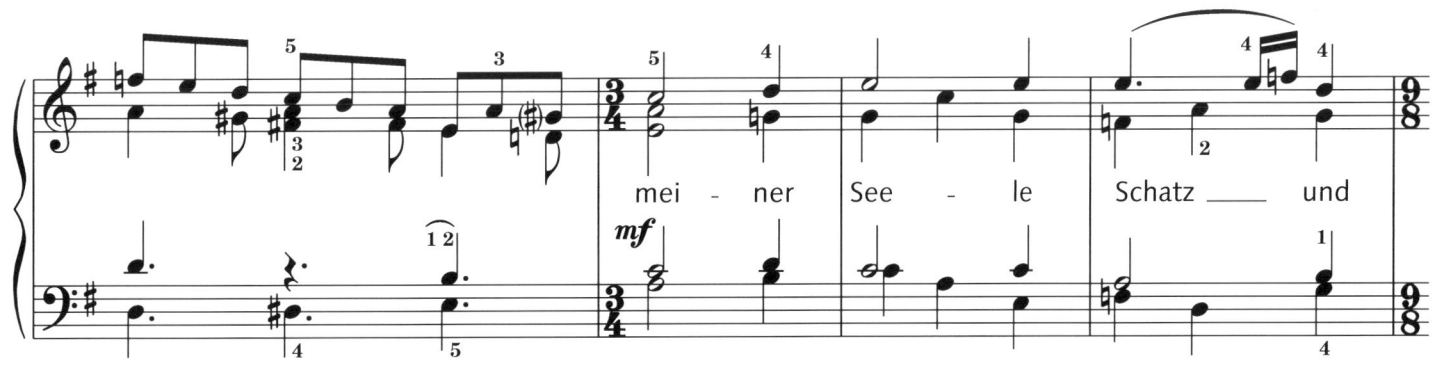

meiner See - le Schatz ____ und

Won - ne,

da - rum lass ich Je - sum nicht

R. H.

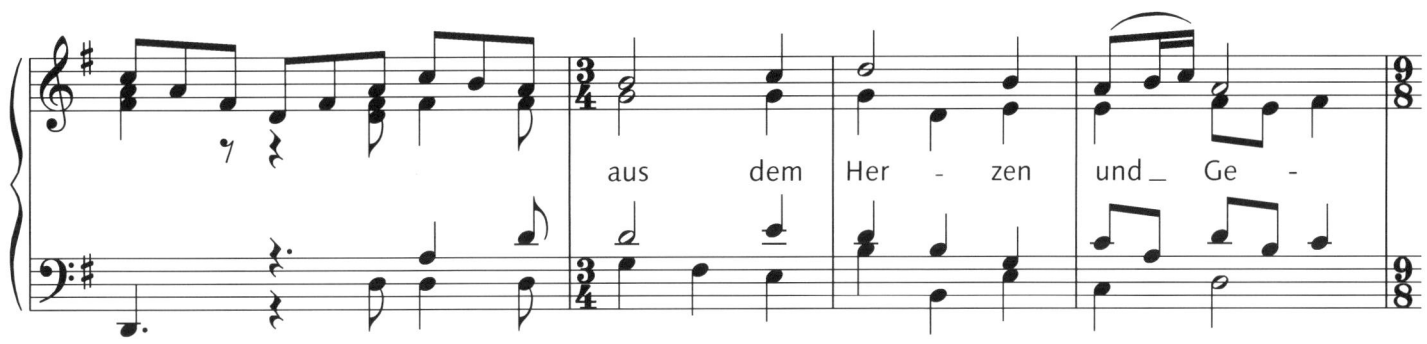

aus dem Her - zen und ____ Ge -

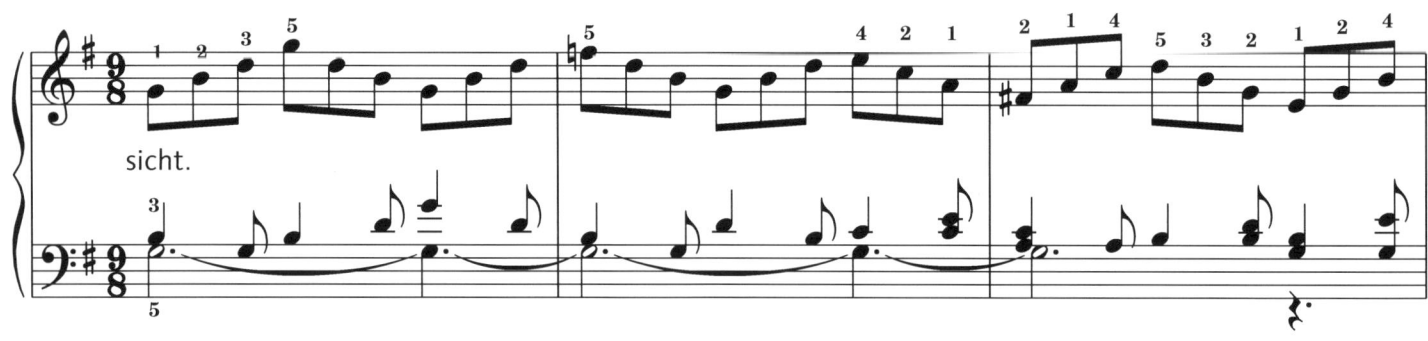

sicht.

Trumpet Voluntary

Jeremiah Clarke
(1674 – 1707)
Arr.: Hans-Günter Heumann

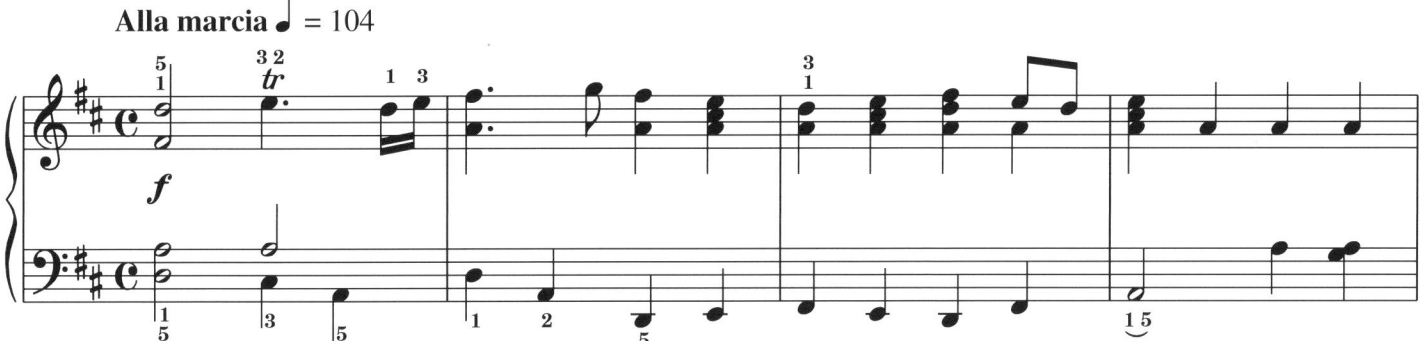

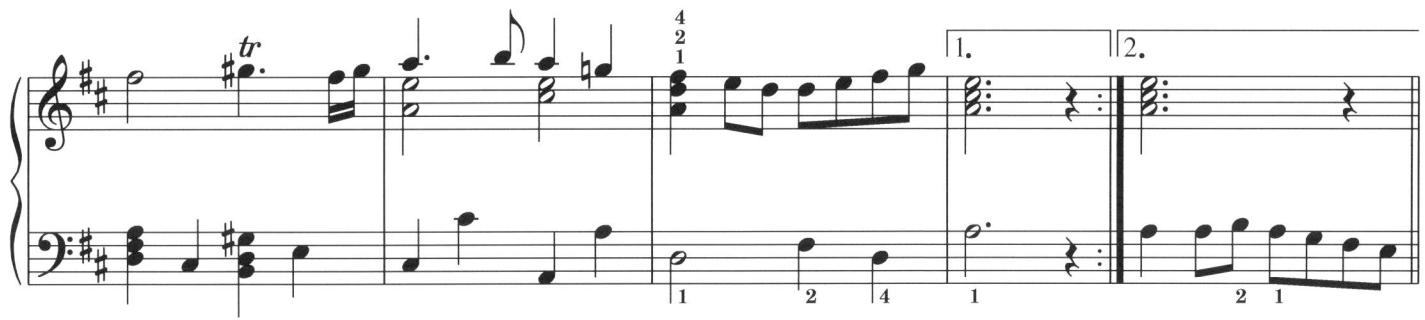

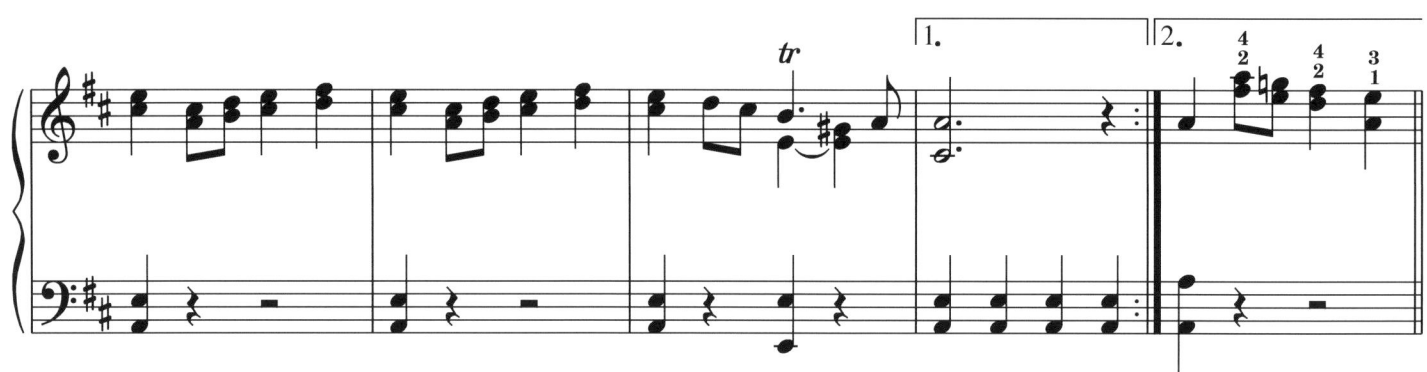

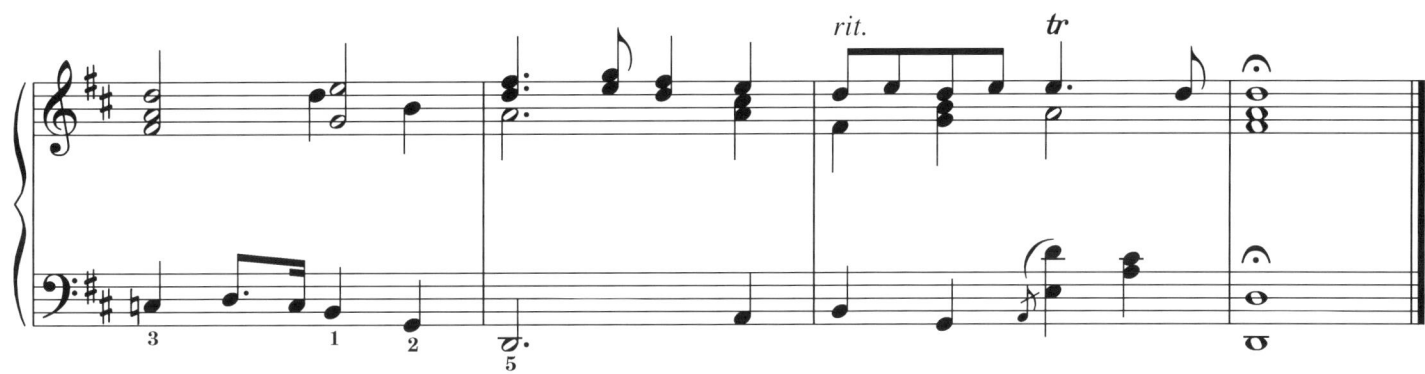

Ombra mai fù

Georg Friedrich Händel
(1685 – 1759)
Arr.: Hans-Günter Heumann

Om - - - - bra mai __ fù _____

di ve - ge - ta - bi - le ca - ra ed a - ma - bi - le so - a - ve

aus / from: Xerxes HWV 40

più, om - bra mai _ fù di ve - ge - ta - bi - le ca - ra ed a - ma - bi - le so - a - ve più ca - - ra ed a - ma - bi - le, om - bra mai _ fù di ve - ge - ta - bi - le ca - ra ed a - ma - bi - le so - a - ve più, so - a - ve _ più.

Alla Hornpipe

Suite No. 2 D-Dur / D major
HWV 349, 2. Satz / 2nd Movement

Georg Friedrich Händel
(1685 – 1759)
Arr.: Hans-Günter Heumann

aus / from: Wassermusik / Water Music

Fine

D. C. al Fine

22

Prélude

Marc-Antoine Charpentier
(1636 – 1704)
Arr.: Hans-Günter Heumann

aus / from: Te Deum H 146

© 2008 Schott Music GmbH & Co KG, Mainz

Der Frühling

Spring / Le printemps

op. 8 No. 1 (Thema / Theme)

Antonio Vivaldi
(1678 – 1741)

Arr.: Hans-Günter Heumann

aus / from: Die vier Jahreszeiten / The Four Seasons

Kanon
Canon
D-Dur / D Major

Johann Pachelbel
(1653 – 1706)
Arr.: Hans-Günter Heumann

Serenade

op. 3 No. 5 Hob. III:17

Joseph Haydn
(1732 – 1809)
Arr.: Hans-Günter Heumann

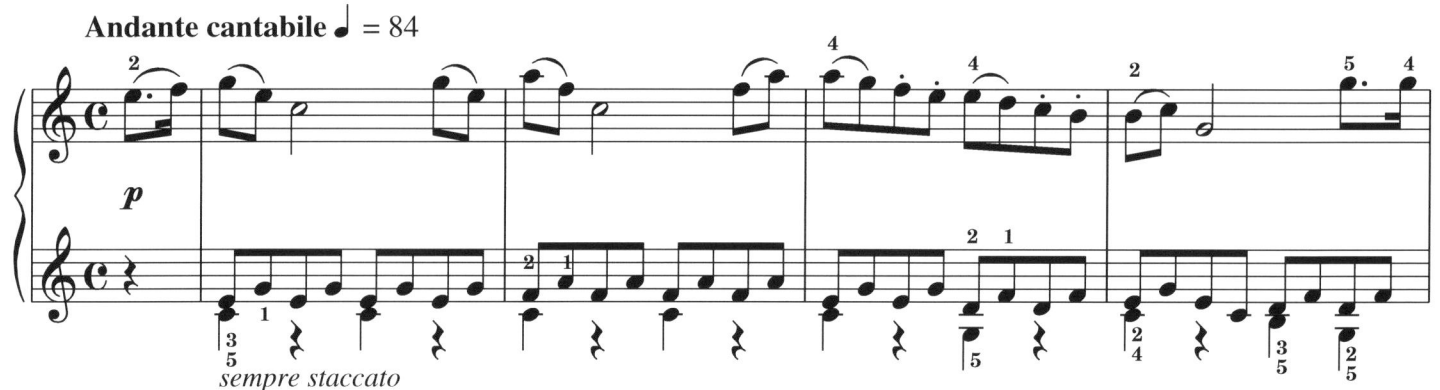

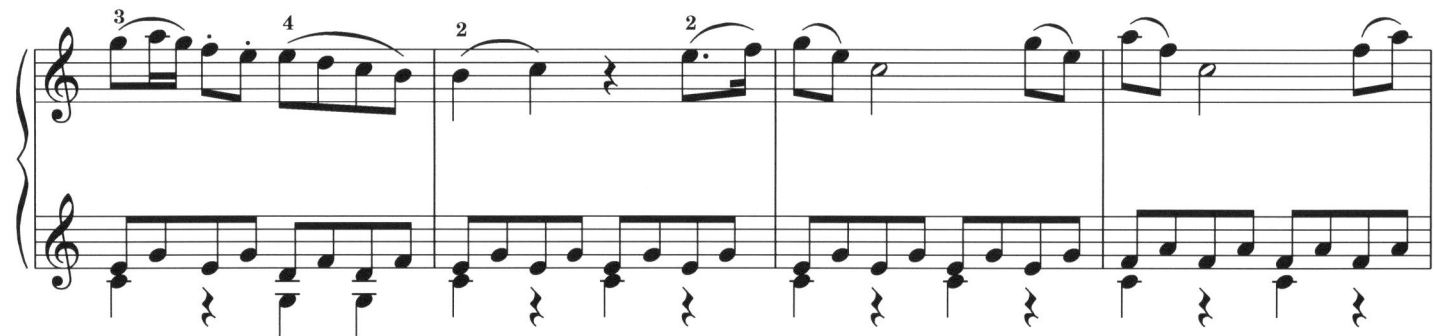

aus / from: Streichquartett F-Dur / String Quartet F major

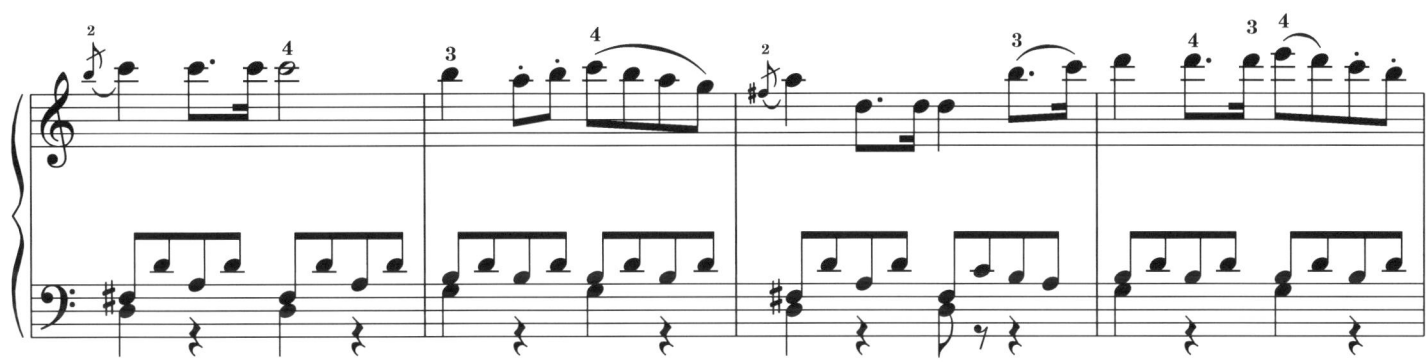

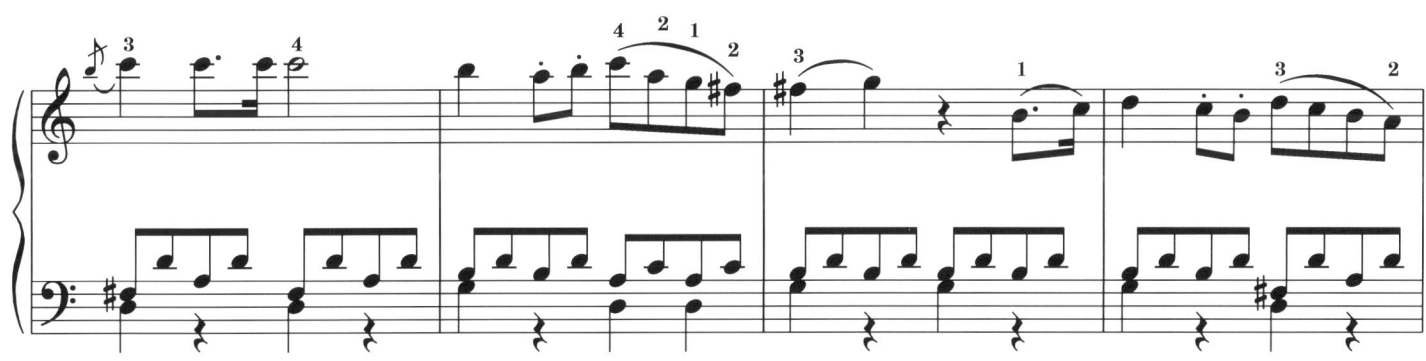

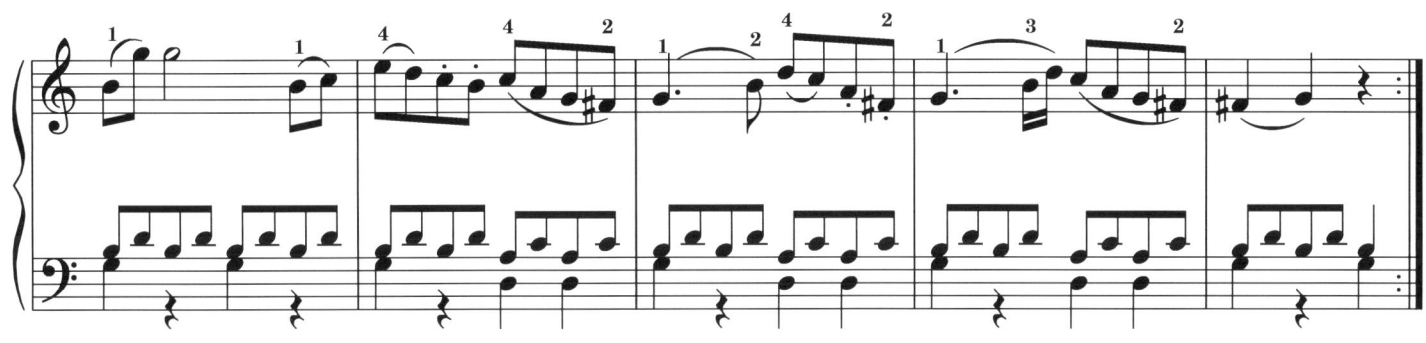

Sinfonie „Mit dem Paukenschlag"

Symphony "Surprise"

2. Satz / 2nd Movement, Hob. I:94

Joseph Haydn
(1732 – 1809)
Arr.: Hans-Günter Heumann

Eine kleine Nachtmusik

A Little Night Music

1. Satz / 1st Movement

Wolfgang Amadeus Mozart
(1756 – 1791)
Arr.: Hans-Günter Heumann

Allegro ♩ = 112

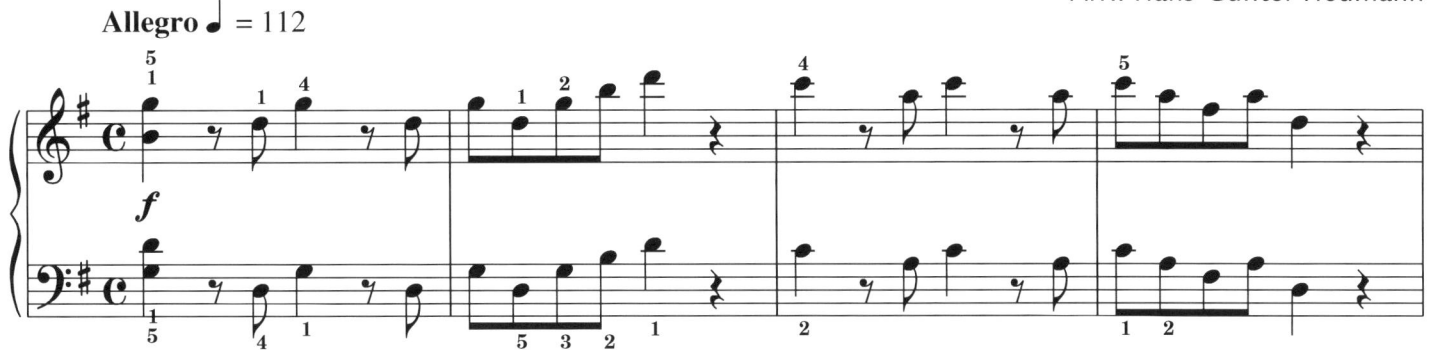

Klarinettenkonzert

Clarinet Concerto

A-Dur / A major KV 622

2. Satz / 2nd Movement

Wolfgang Amadeus Mozart
(1756 – 1791)
Arr.: Hans-Günter Heumann

Sinfonie Nr. 40

Symphony No. 40

g-Moll / G minor KV 550

1. Satz / 1st Movement

Wolfgang Amadeus Mozart
(1756 – 1791)
Arr.: Hans-Günter Heumann

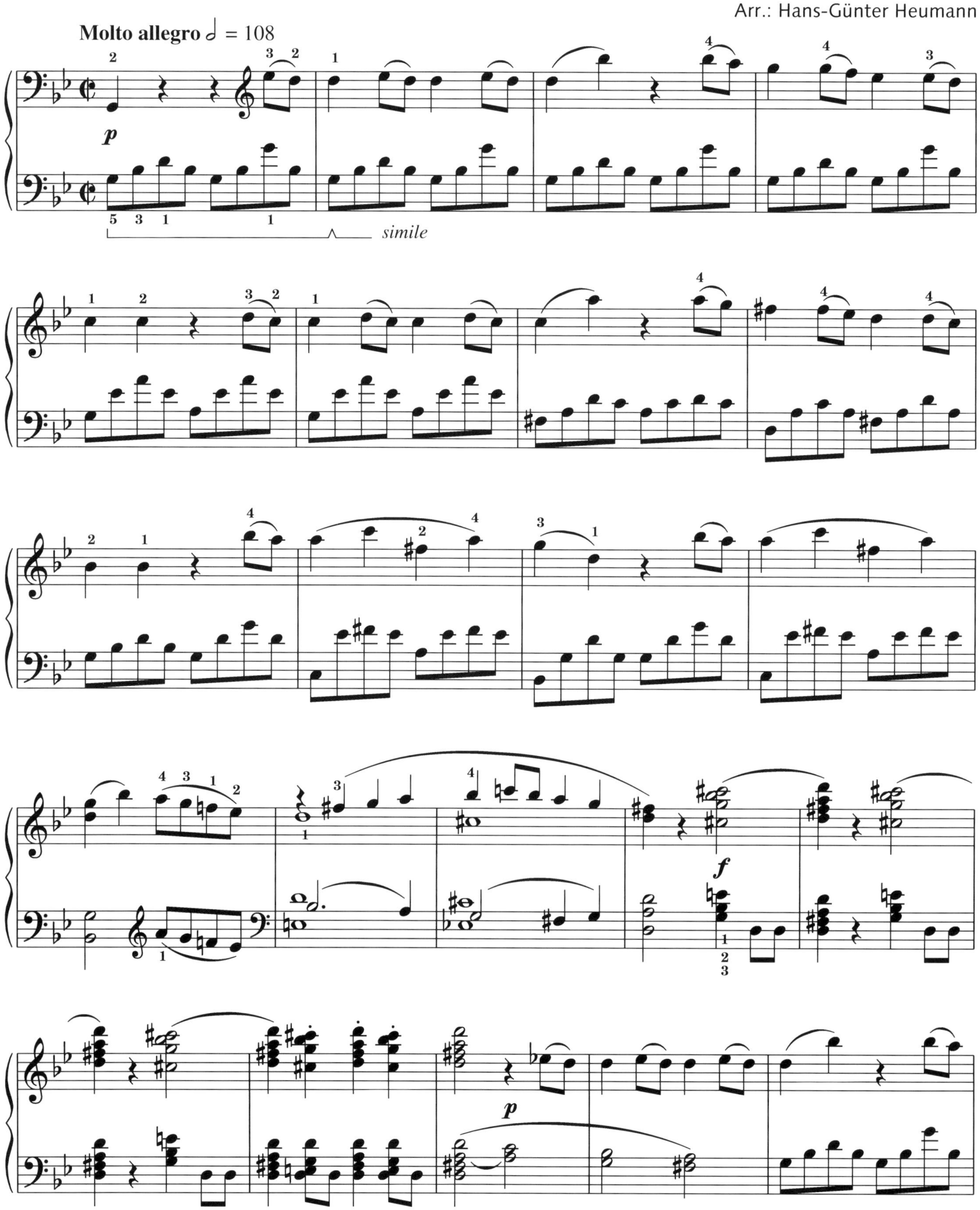
Molto allegro 𝅗𝅥 = 108
p
simile
f
p

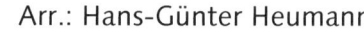

Klavierkonzert Nr. 21

Piano Concerto No. 21

C-Dur / C major KV 467

2. Satz / 2nd Movement

Wolfgang Amadeus Mozart
(1756 – 1791)
Arr.: Hans-Günter Heumann

Andante ♩ = 76

Sinfonie Nr. 5

Symphony No. 5

c-Moll / C minor op. 67

1. Satz / 1st Movement

Ludwig van Beethoven
(1770 – 1827)
Arr.: Hans-Günter Heumann

Allegro con brio ♩ = 96

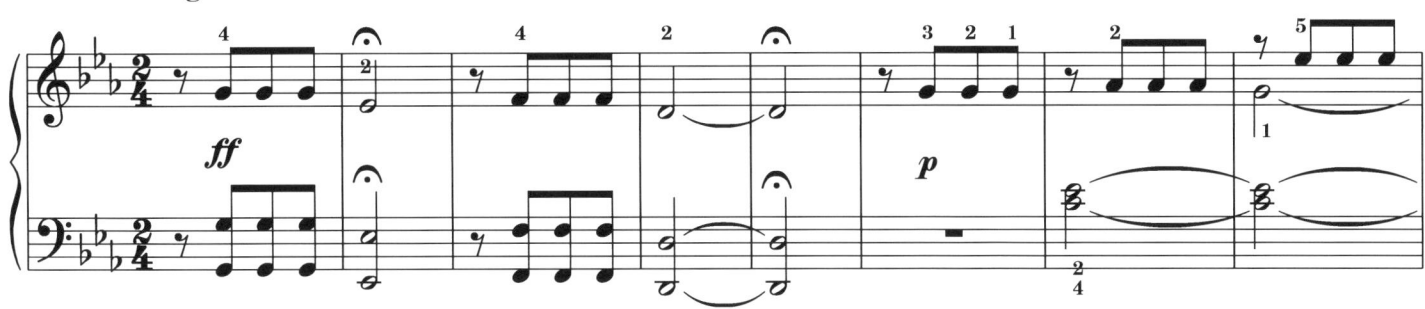

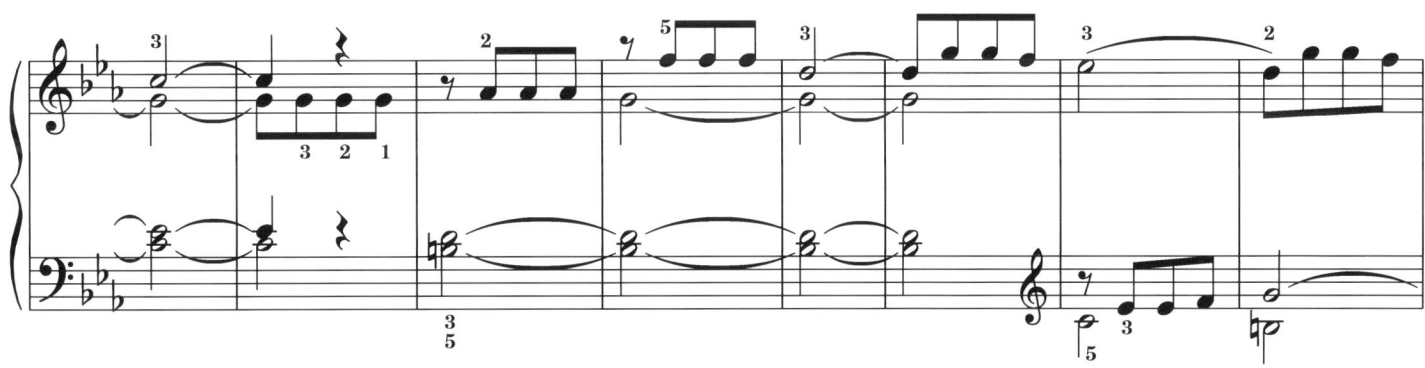

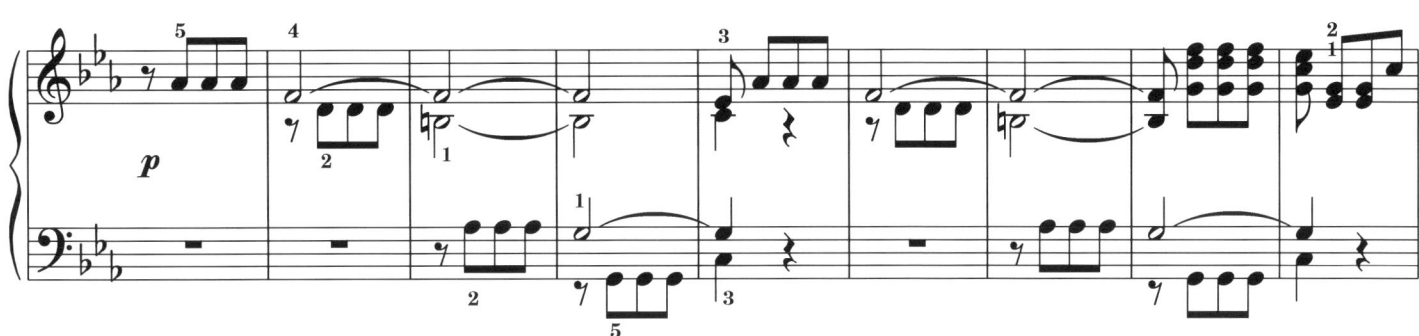

Klavierkonzert Nr. 5
Piano Concerto No. 5
Es-Dur / Eb major op. 73
2. Satz / 2nd Movement

Ludwig van Beethoven
(1770 – 1827)
Arr.: Hans-Günter Heumann

Adagio un poco mosso ♩ = 44

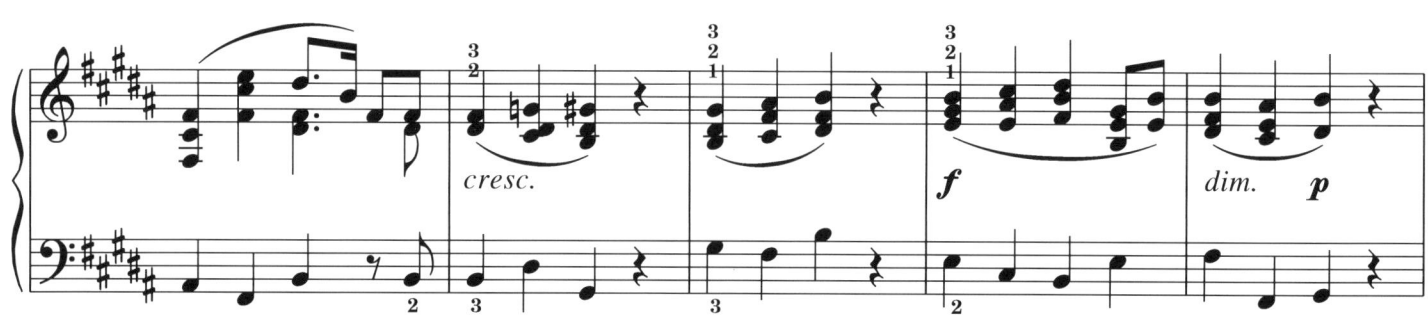

Freude, schöner Götterfunken

Song of Joy / Hymne à la joie

Ludwig van Beethoven
(1770-1827)
Arr.: Hans-Günter Heumann

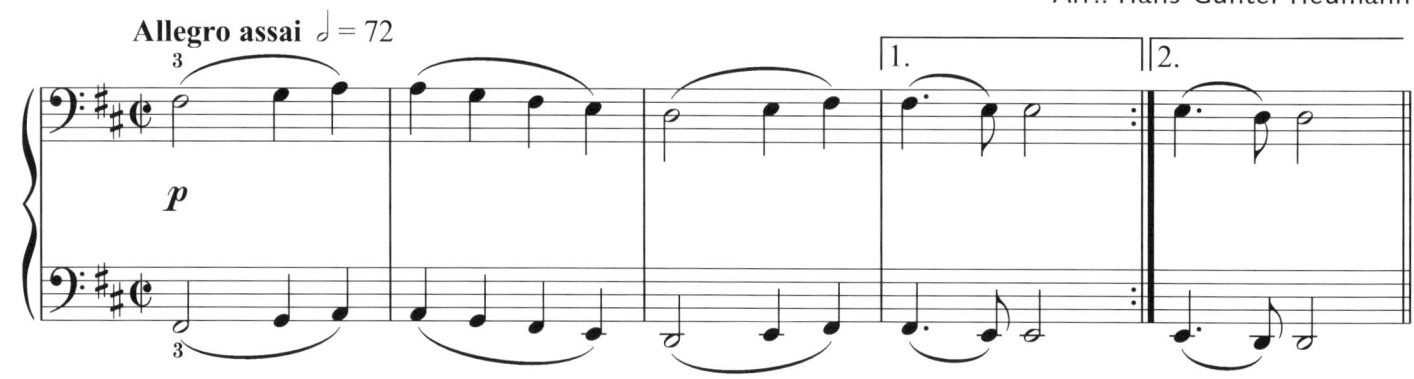

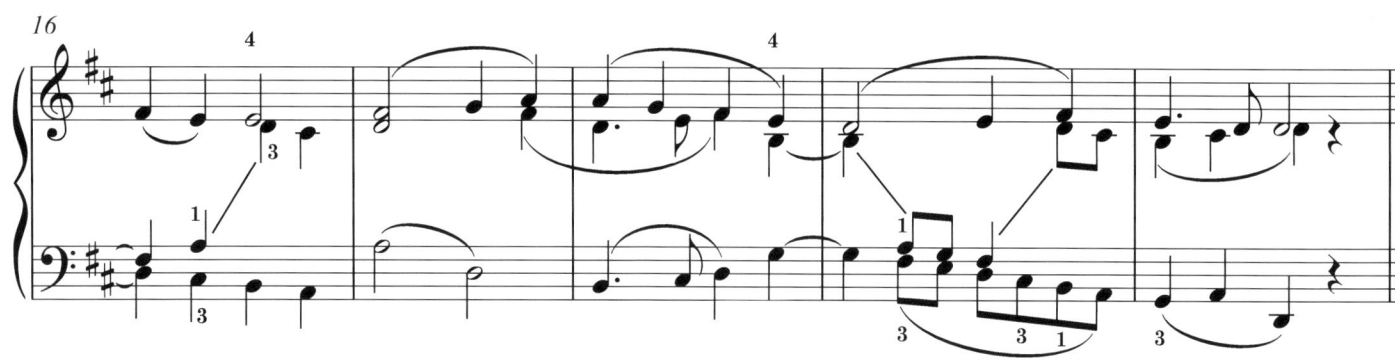

aus / from: Sinfonie Nr. 9 d-Moll / Symphony N° 9 D minor op. 125

Menuett

Minuet
op. 13 No. 5

Luigi Boccherini
(1743 – 1805)
Arr.: Hans-Günter Heumann

aus / from: Streichquintett E-Dur / String Quintet E major

D. C. al Fine

Ständchen

Serenade / Sérénade

D 957 No. 4

Franz Schubert (1797 – 1828)
Text: Ludwig Rellstab (1799 – 1860)
Arr.: Hans-Günter Heumann

Lei - se fle - hen mei - ne Lie - der durch die Nacht zu dir,

in _ den stil - len Hain her-nie - der,

Lieb - chen, komm zu mir.

Flüs - ternd schlan - ke Wipfel rau - schen in _ des Mon - des Licht,

in _ des Mon - des Licht, des Ver-rä - ters feind-lich Lau - schen

fürch-te, Hol - de, nicht, fürch - te Hol - de, nicht.

Hörst die Nach - ti - gal - len schla - gen? Ach! Sie fle - hen dich,

mit der Tö - ne süs - sen Kla - gen fle - hen sie für

mich.   Sie ver-stehn des Bu - sens Seh - nen,

ken-nen Lie - bes- schmerz,   ken - nen Lie - bes- schmerz,   rüh - ren mit dem

Sil - ber-tö - nen   je - des wei - che Herz,   je - des wei - che Herz.

Lass auch dir die Brust be-we - gen, Lieb - chen, hö - re mich,

cresc.

be - bend harr' ich dir ent-ge - gen,

komm, be-glü - cke mich! Komm be-glü - cke mich, _____

_____ be - glü - - cke mich!

decresc.

dim.

Ave Maria
op. 52 No. 6, D 839

Franz Schubert (1797 – 1828)
Deutsche Übersetzung: Adam Stork
Arr.: Hans-Günter Heumann

2. Ave Maria! Unbefleckt!
   Wenn wir auf diesen Fels hinsinken zum Schlaf
   und uns dein Schutz bedeckt,
   wird weich der harte Fels uns dünken.
   Du lächelst, Rosendüfte wehen
   in dieser dumpfen Felsenkluft.
   O Mutter, höre Kindes Flehen,
   o Jungfrau, eine Jungfrau ruft!
   Ave Maria!

3. Ave Maria! Reine Magd!
   Der Erde und der Luft Dämonen,
   von deines Auges Huld verjagt,
   sie können hier nicht bei uns wohnen!
   Wir woll'n uns still dem Schicksal beugen,
   da uns dein heil'ger Trost anweht,
   der Jungfrau wolle hold dich neigen,
   dem Kind, das für den Vater fleht!
   Ave Maria!

Va pensiero

Giuseppe Verdi
(1813 – 1901)
Arr.: Hans-Günter Heumann

aus / from: Nabucco

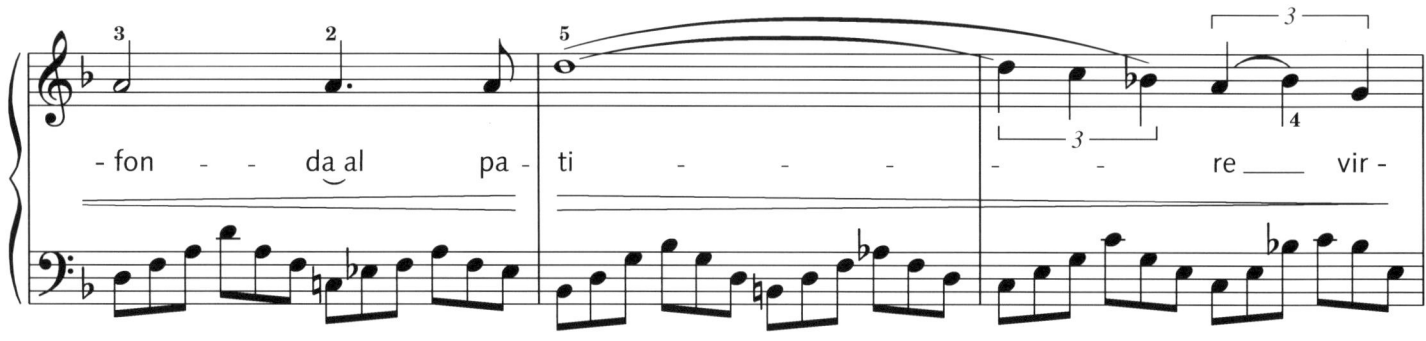

-fon - - da al pa - ti - - - - - re ___ vir -

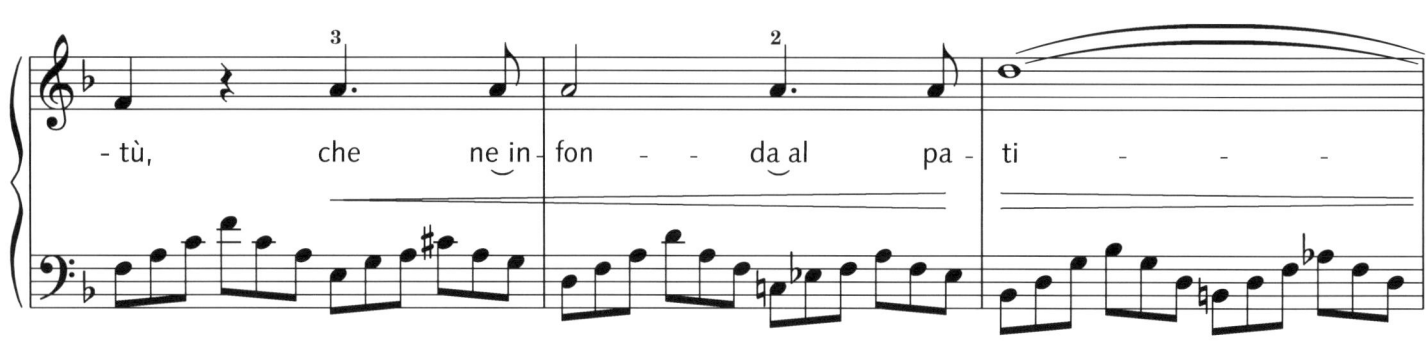

-tù, che ne in -fon - - da al pa - ti - - -

- - - re vir - tù, al pa - ti - - re vir -

pp

- tù! _____

Triumph-Marsch

Triumphal March / Marche triumphale

Giuseppe Verdi
(1813 – 1901)
Arr.: Hans-Günter Heumann

Allegro maestoso ♩ = 108

aus / from: Aida

Ave Maria

Meditation über Präludium Nr. 1 von J. S. Bach
Meditation on Prelude No. 1 by J. S. Bach

Charles Gounod
(1818 – 1893)
Arr.: Hans-Günter Heumann

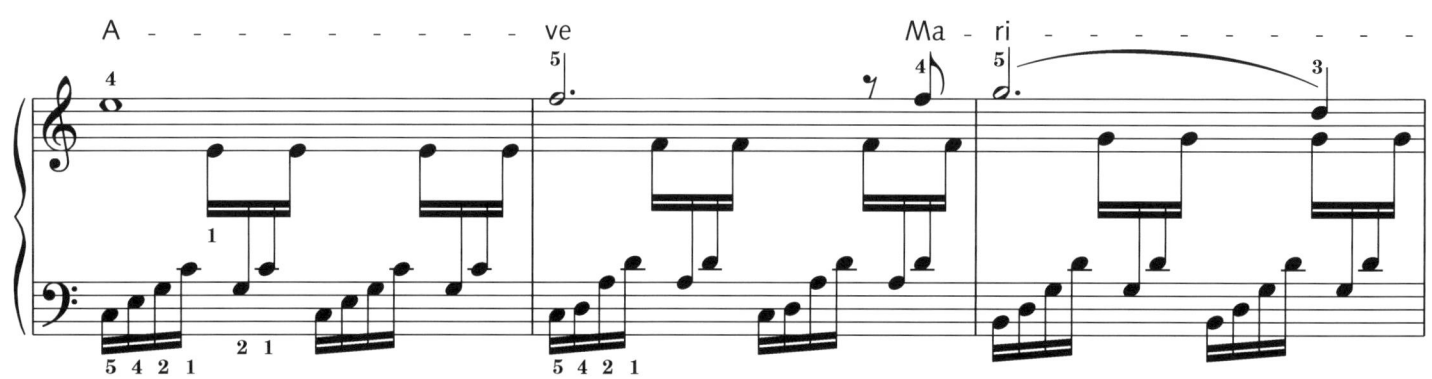

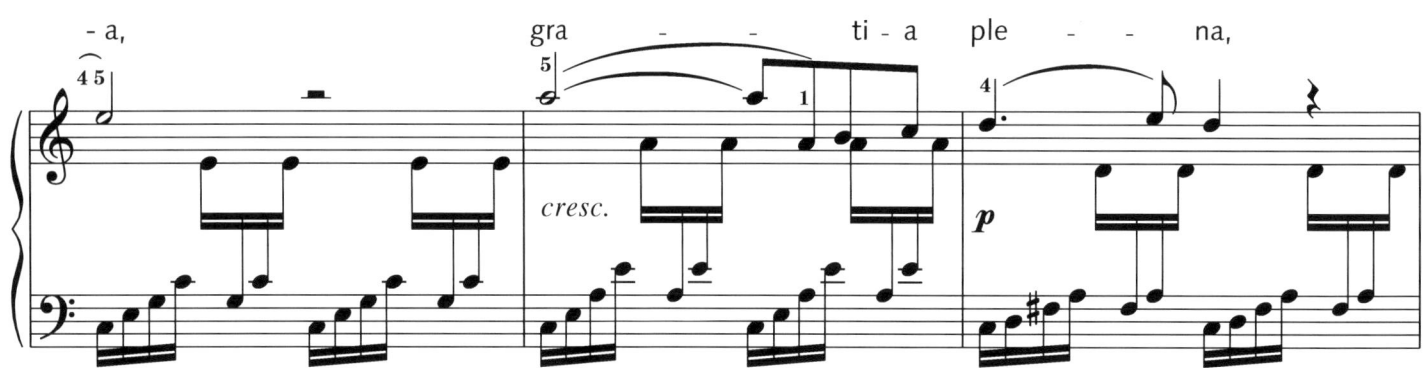

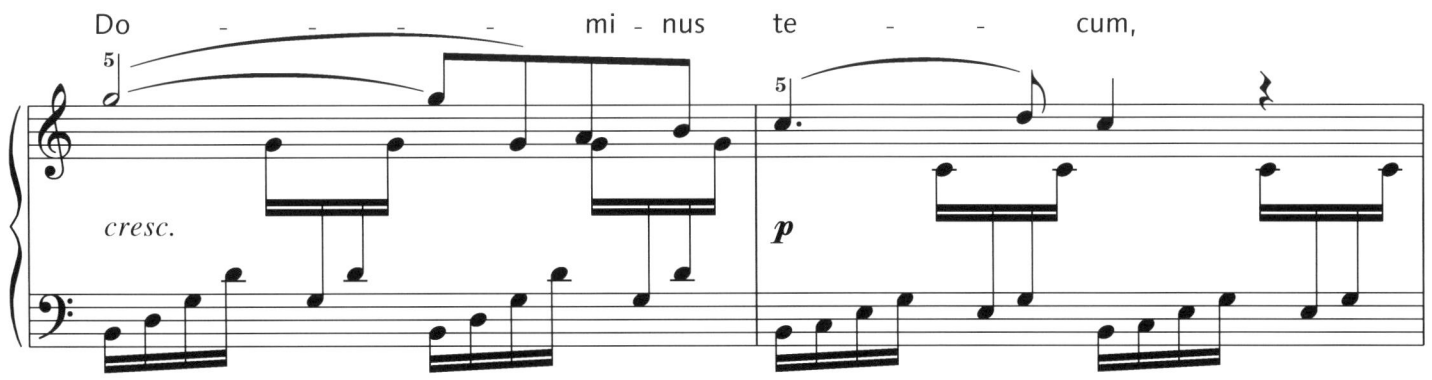

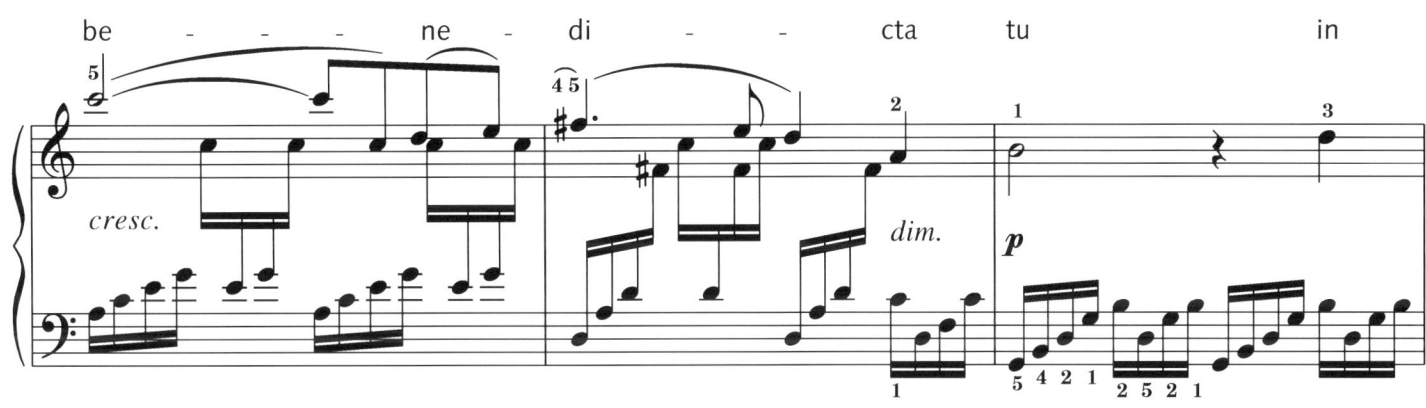

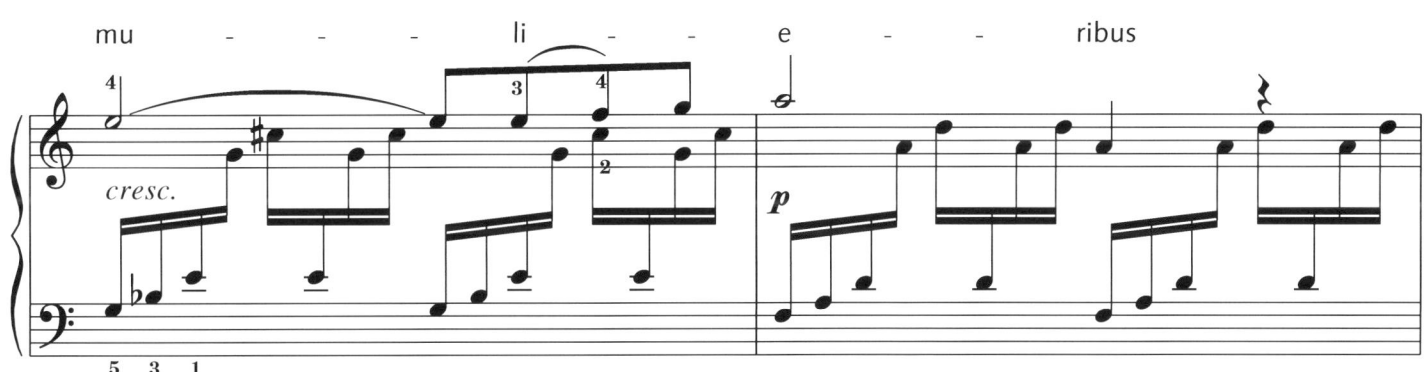

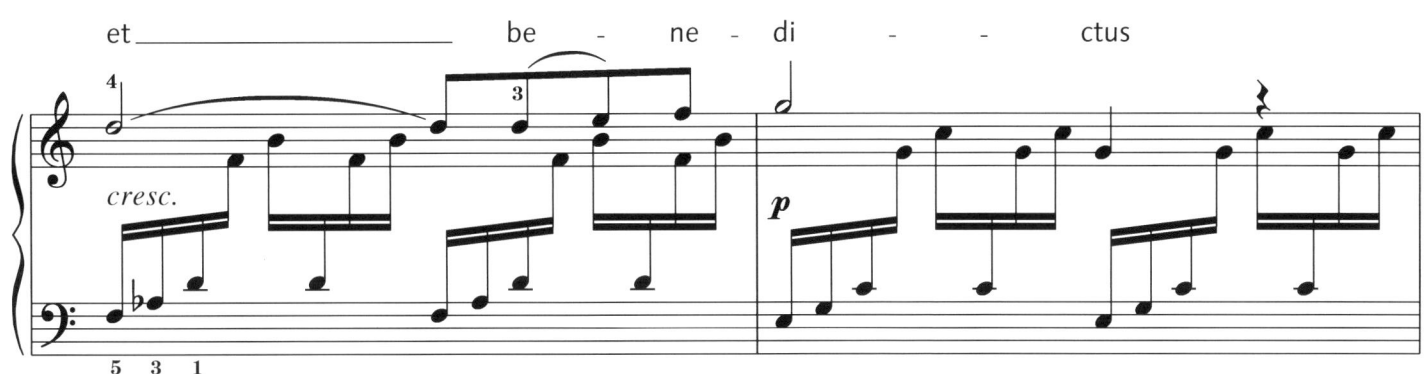

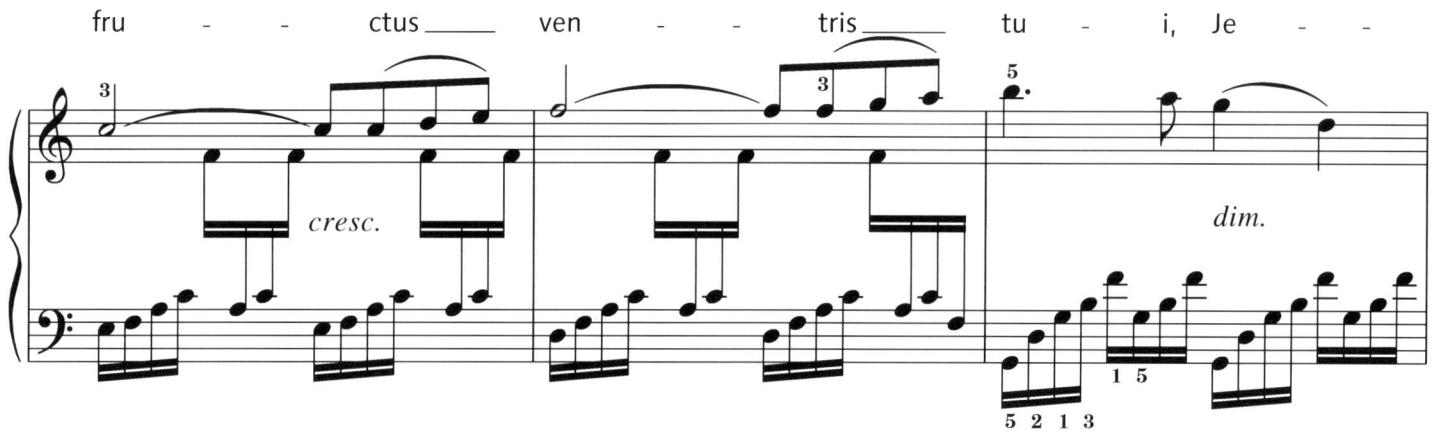

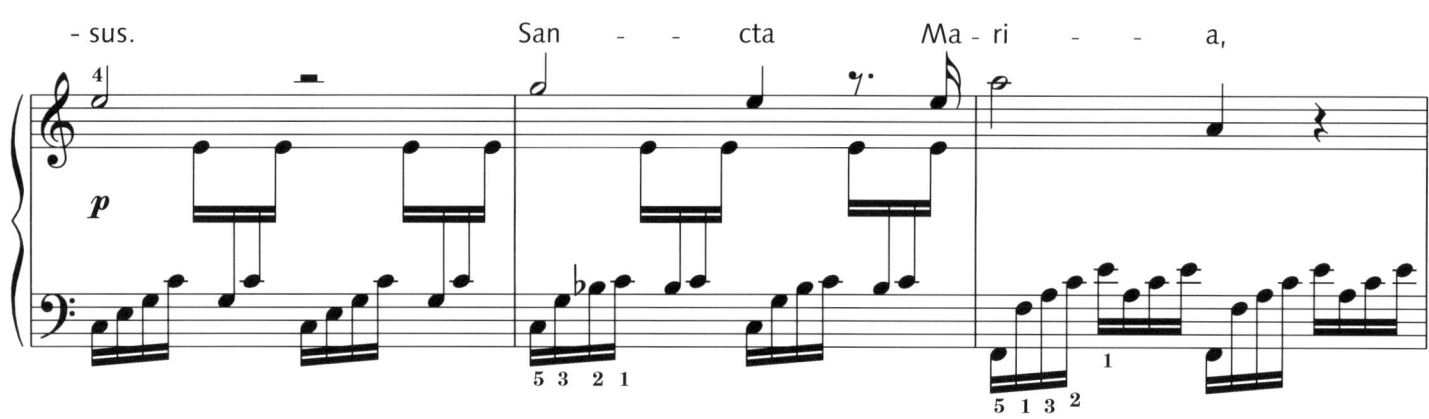

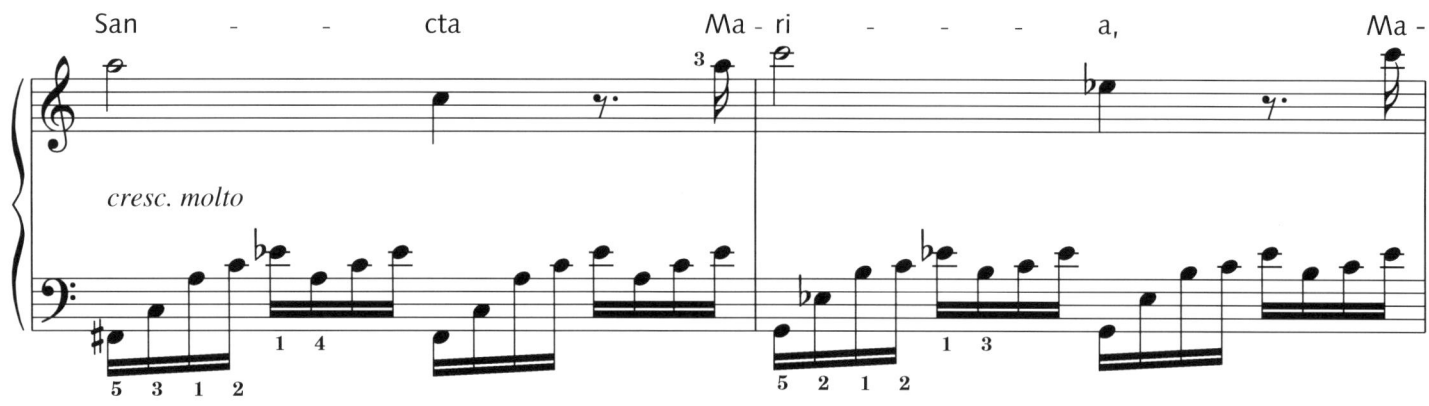

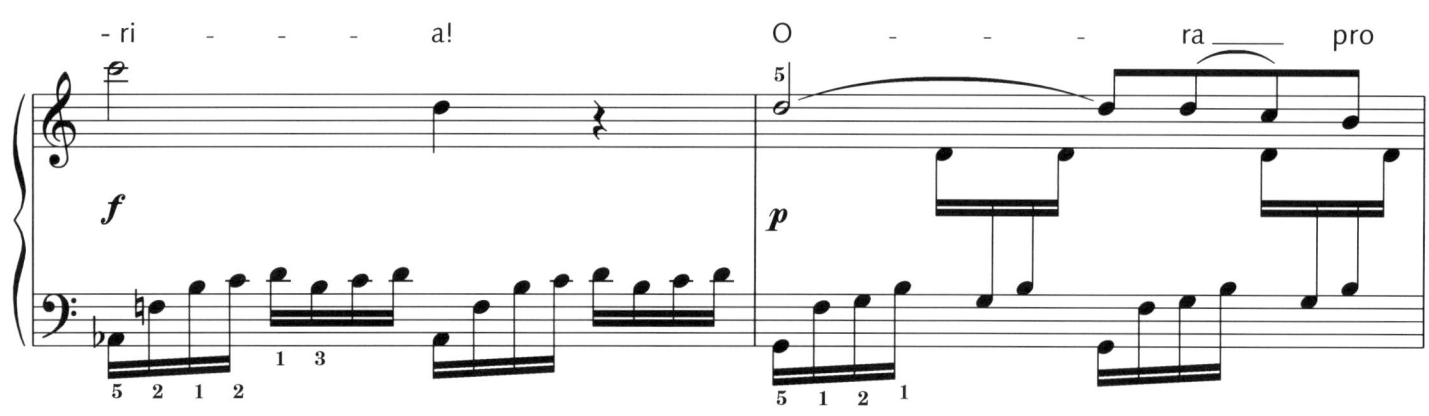

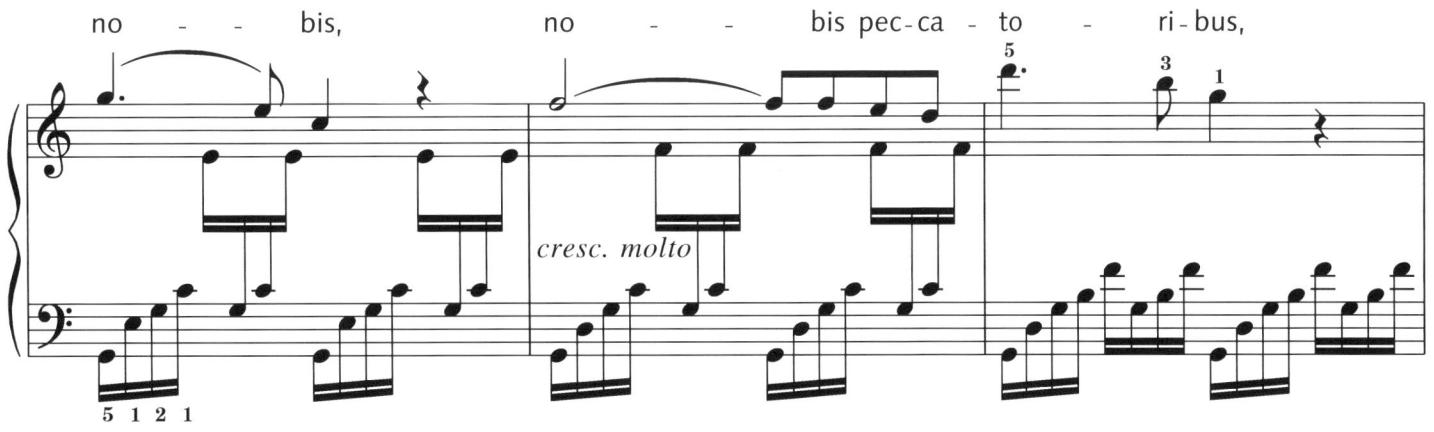

no _ _ bis, no _ _ bis pec-ca - to - ri-bus,

cresc. molto

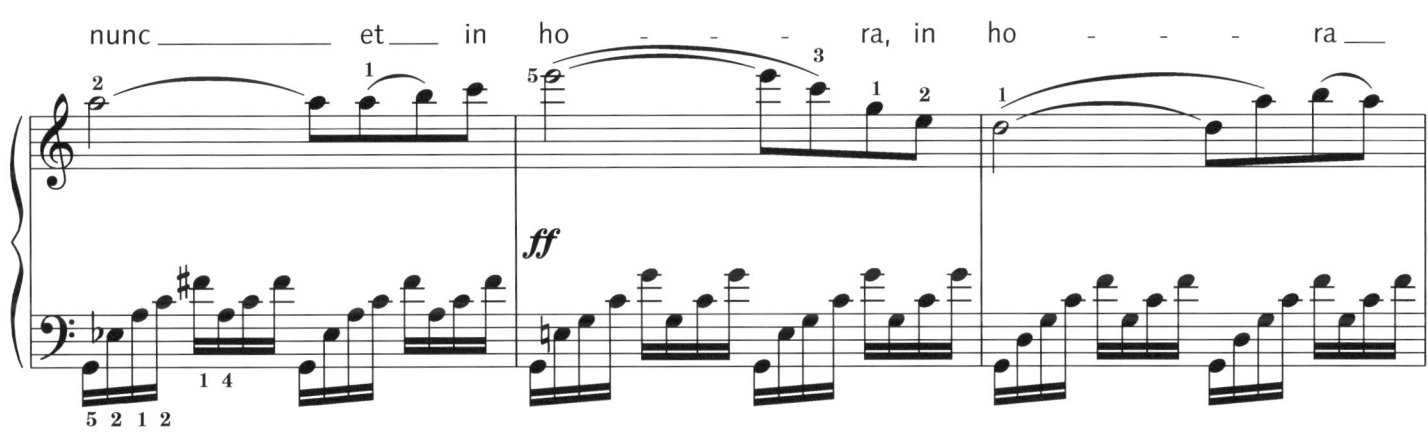

nunc _____ et _ in ho _ _ _ ra, in ho _ _ _ ra _

ff

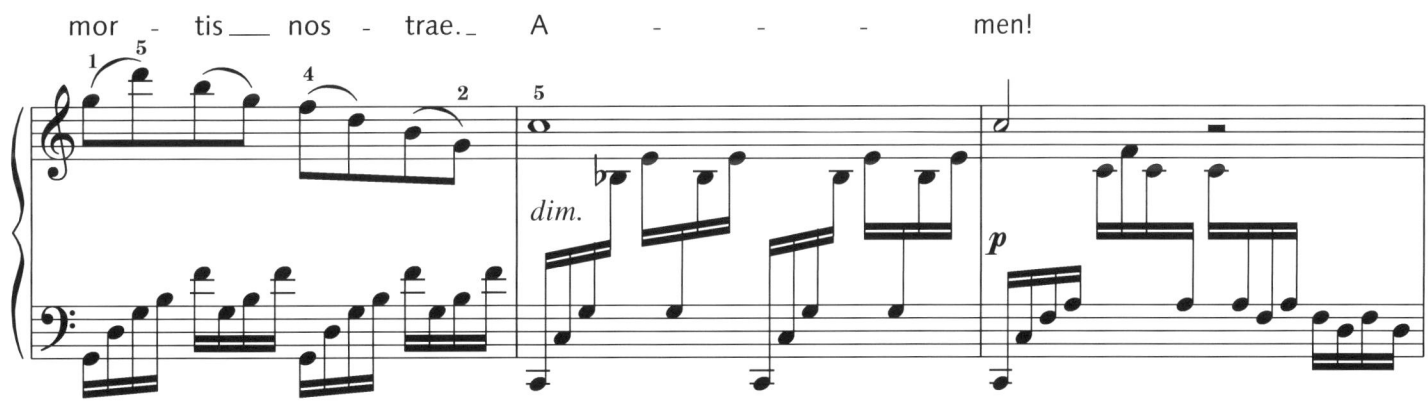

mor - tis _ nos - trae. _ A _ _ _ _ men!

dim.   *p*

A _ _ _ _ men!

pp

O, du mein holder Abendstern
Song to the Evening Star

Richard Wagner
(1813 – 1883)
Arr.: Hans-Günter Heumann

aus / from: Tannhäuser

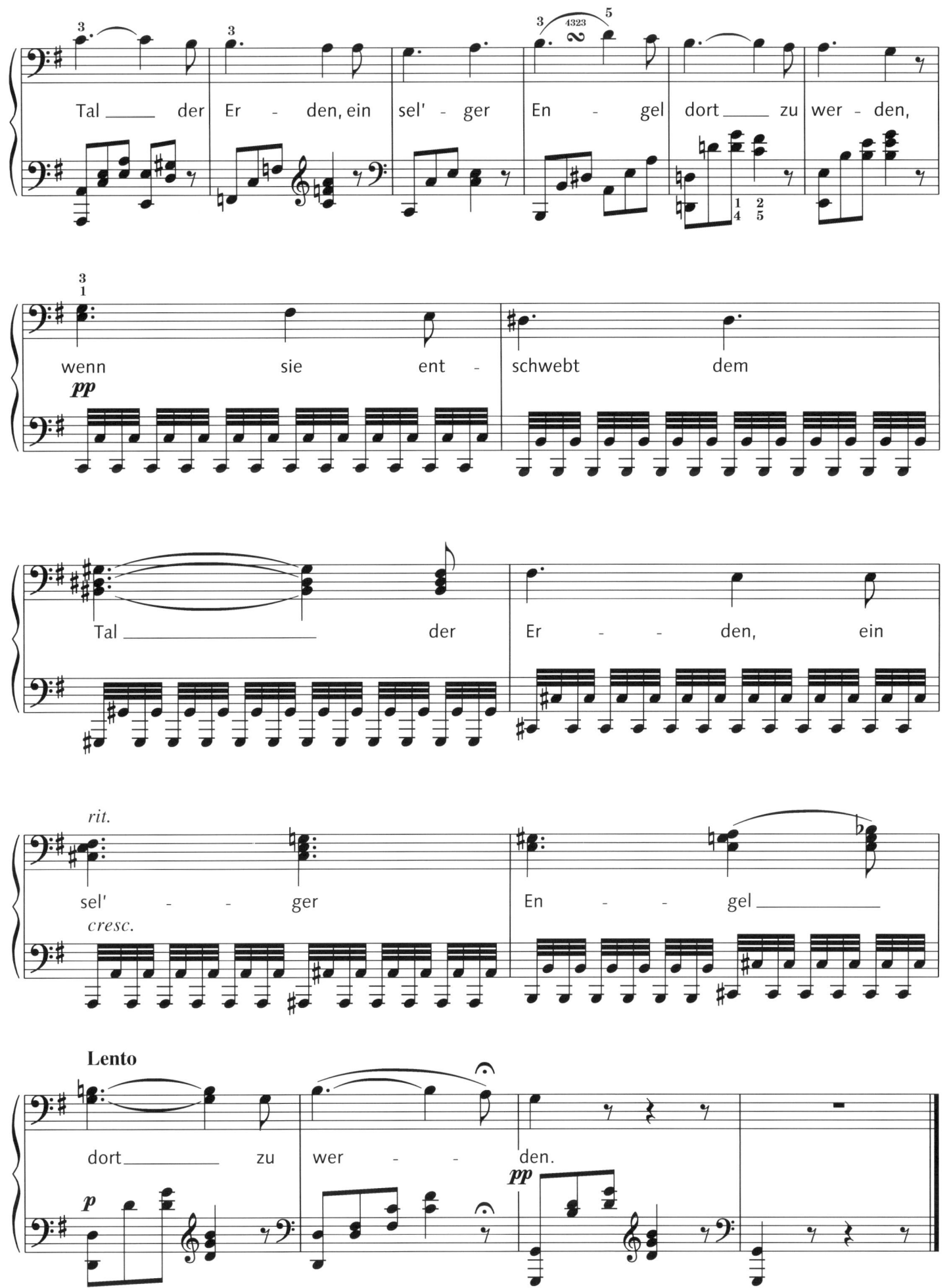

Tal ____ der Er - den, ein sel' - ger En - gel dort ____ zu wer - den,

wenn sie ent - schwebt dem

Tal ____ der Er - - den, ein

sel' - - ger En - - gel ____

dort ____ zu wer - - den.

Donauwellen

Waves of Danube / Les vagues du Danube

Iosif Ivanovici
(1845 – 1902)
Arr.: Hans-Günter Heumann

D. S. al Fine

Belle nuit, ô nuit d'amour

Barcarole / Barcarolle

Jacques Offenbach
(1819 – 1880)
Arr.: Hans-Günter Heumann

Bel - le nuit, ô nuit d'a-mour, sou-

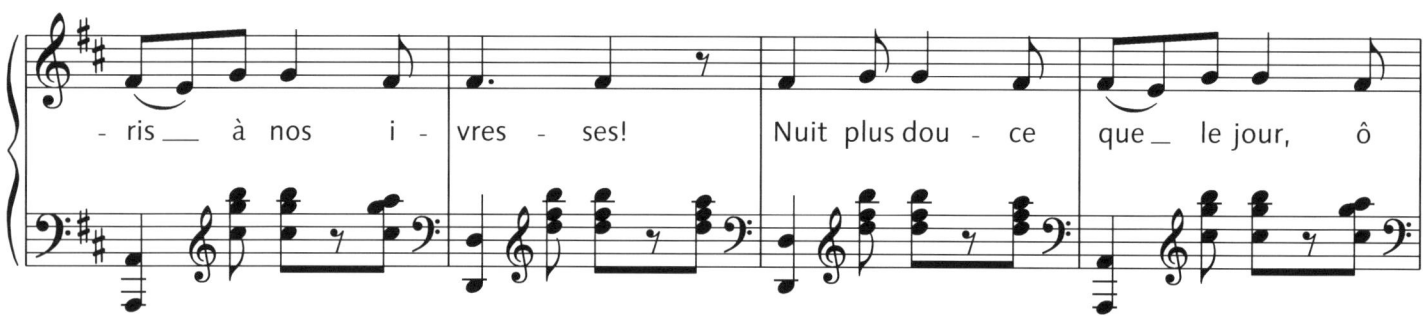

-ris à nos i-vres-ses! Nuit plus dou - ce que le jour, ô

bel - le nuit d'a-mour! Le temps fuit et

sans re-tour em-por-te nos ten-dres-ses, loin de cet heu-

aus / from / de: Hoffmanns Erzählungen / The tales of Hoffmann / Les contes d'Hoffmann

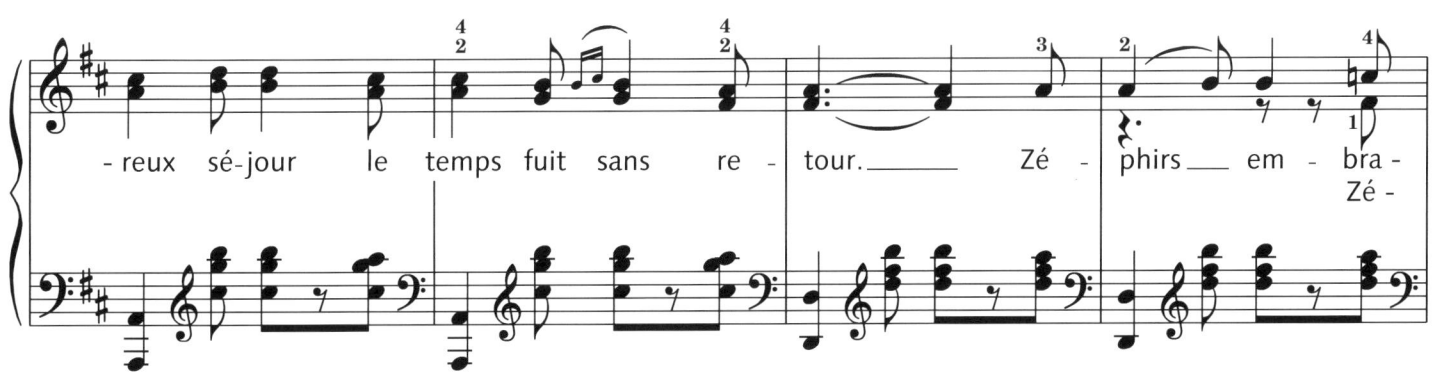

-reux sé-jour le temps fuit sans re - tour._____ Zé - phirs ___ em - bra-
Zé -

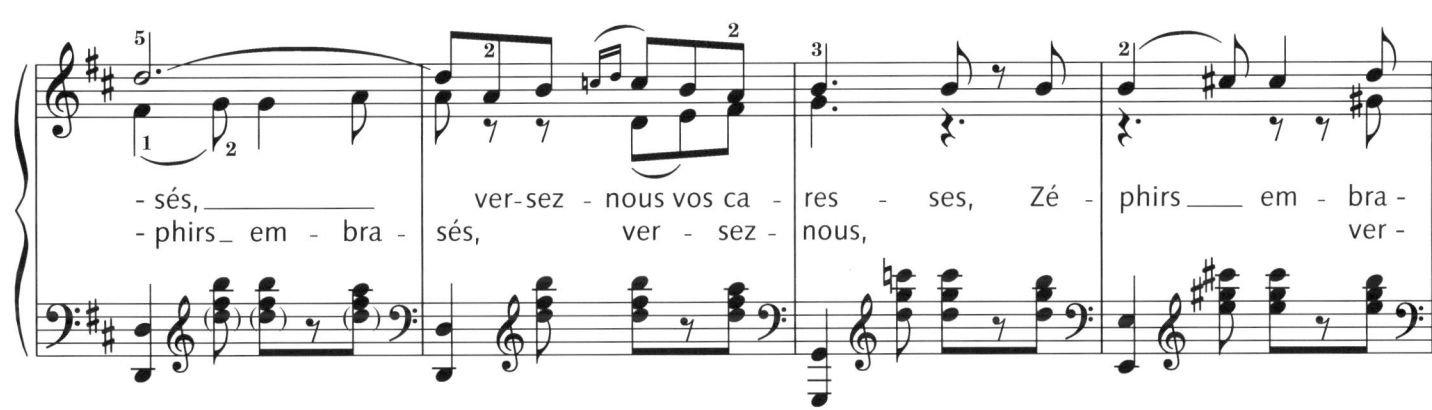

- sés, _____ ver-sez - nous vos ca - res - ses, Zé - phirs ___ em - bra - ver -
- phirs _ em - bra - sés, ver - sez - nous,

- sés, _____ don-nez - nous vos bai - sers! Ver - - sez -
- sez - nous vos ca - res - ses, vos ___ bai - sers! Ver - sez - nous _____
nous _____

- nous vos _____ bai - sers! Ah! Ah! _____
___ vos _ bai - sers! _____

Bel - le nuit, ô nuit _ d'a-mour, sou - ris _ à nos i - vres - ses,

nuit plus dou - ce que _ le jour, ô bel - le nuit d'a - mour!

O bel - le nuit d'a - mour! _____ ah! Sou-ris à nos i - vres - Sou-ris à nos i-

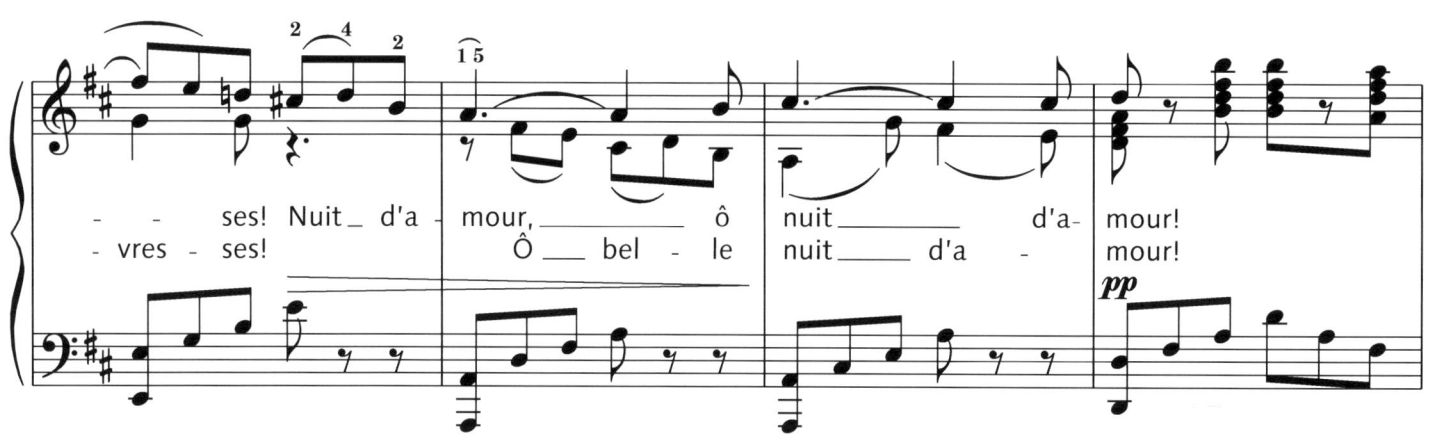

- - ses! Nuit _ d'a - mour, _____ ô nuit _____ d'a-mour!
- vres - ses! Ô _ bel - le nuit _____ d'a - mour!

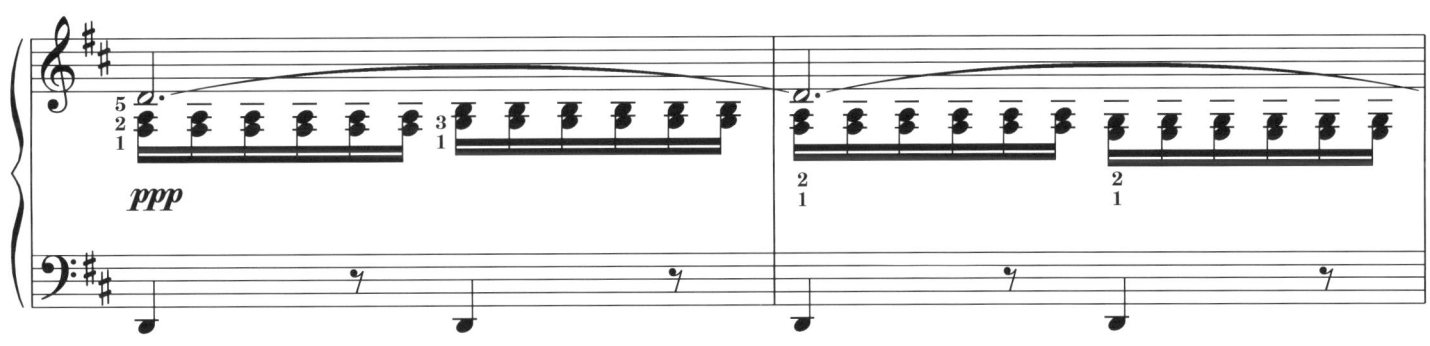

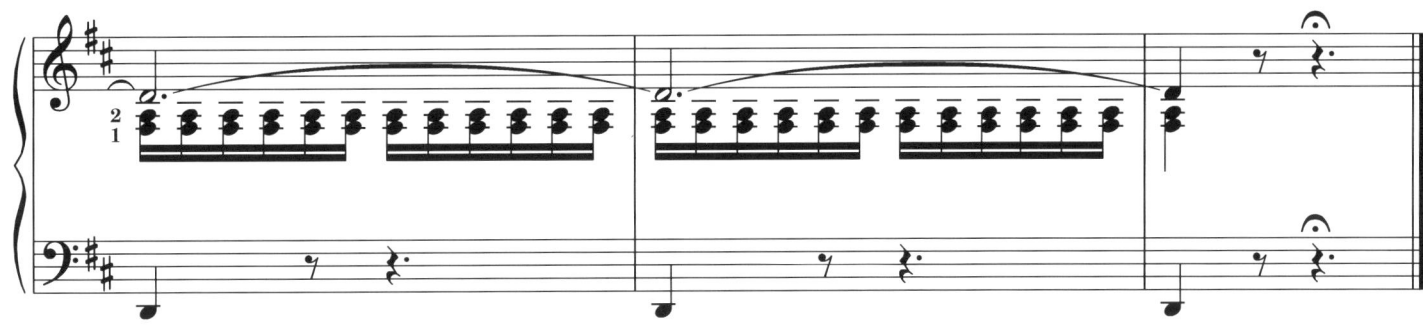

Abends, will ich schlafen gehn

Abendsegen / Evening Hymn

Engelbert Humperdinck (1854 – 1921)
Text: Adelheid Wette
Arr.: Hans-Günter Heumann

A - bends, will ich schla - fen gehn, vier - zehn En - gel um mich stehn:

zwei zu mei - nen Häup - ten, zwei zu mei - nen Fü - ßen,

zwei zu mei - ner Rech - ten, zwei zu mei - ner Lin - ken,

zwei - e, die mich de - cken, zwei - e, die mich we - cken,

aus / from: „Hänsel und Gretel" / "Hansel and Gretel"

zwei - e, die mich wei - sen zu Him-mels Pa - ra - dei _ _ _

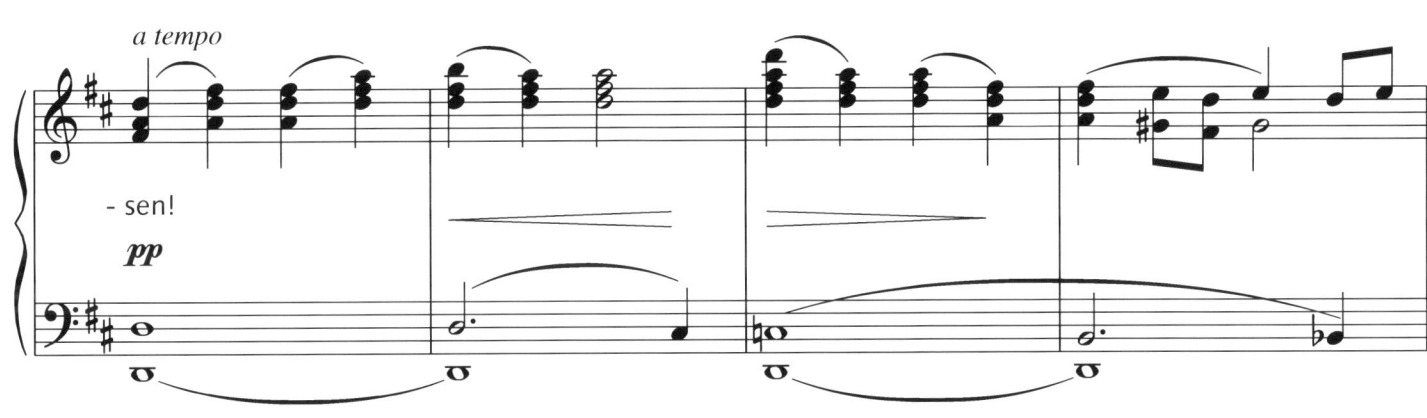

- sen!

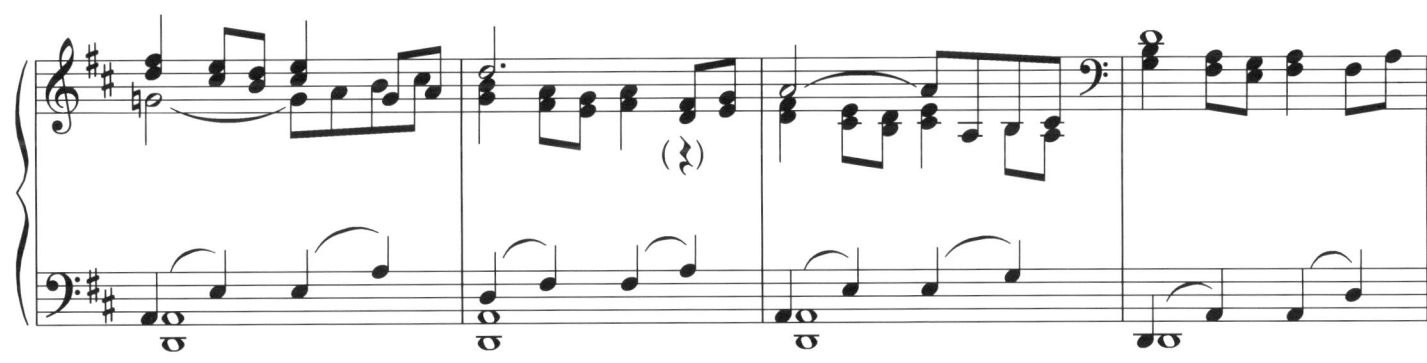

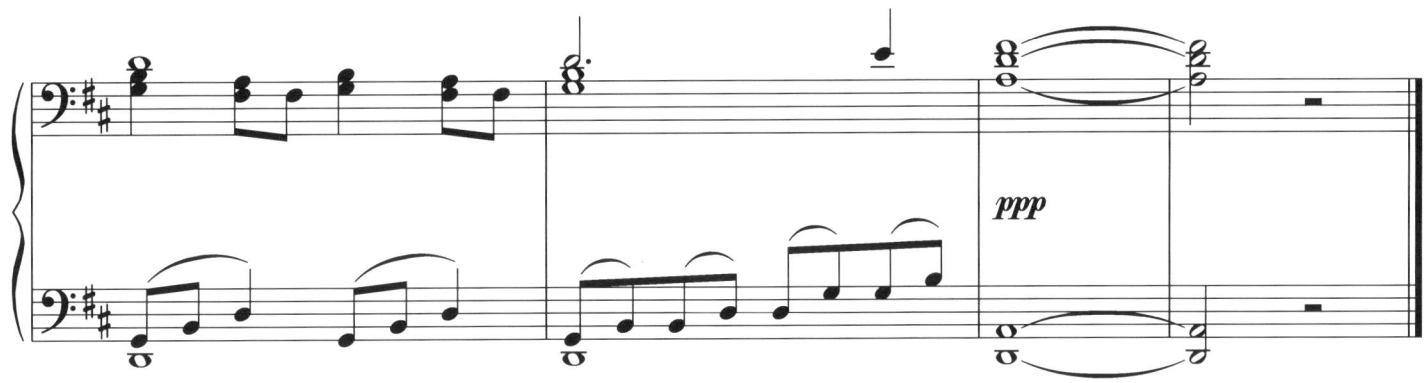

Der Schwan

The Swan / Le cygne

Camille Saint-Saëns
(1835 – 1921)
Arr.: Hans-Günter Heumann

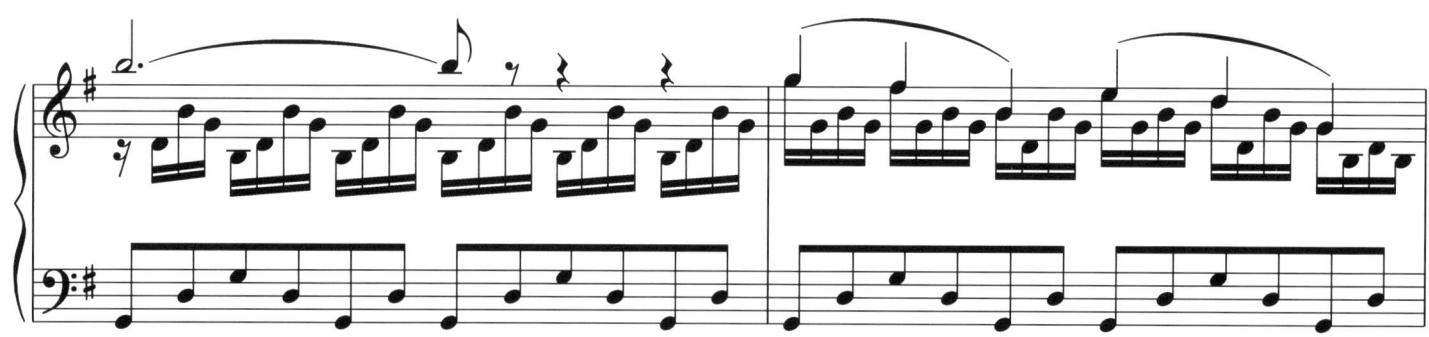

aus / from / de: Le carnaval des animaux / Karneval der Tiere / Carnival of the animals

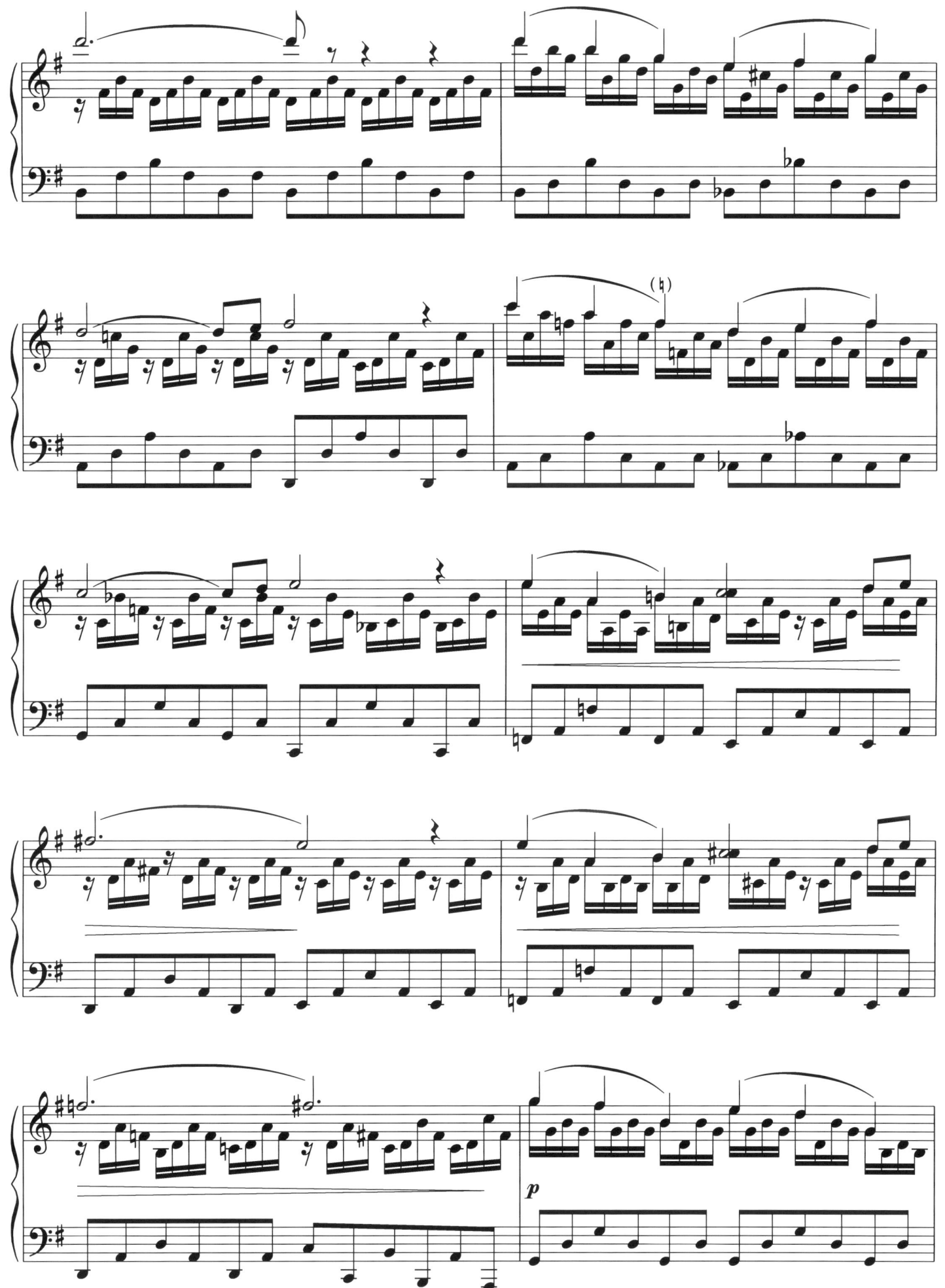

Klavierkonzert
Piano Concerto
a-Moll / A minor, op. 54
1. Satz / 1st Movement (Thema / Theme)

Robert Schumann
(1810 – 1856)
Arr.: Hans-Günter Heumann

Allegro affettuoso ♩ = 100

Blumenwalzer
Waltz of the Flowers / Valse des fleurs

Peter Iljitsch Tschaikowsky
(1840 – 1893)
Arr.: Hans-Günter Heumann

Tempo di Valse ♩. = 63

aus / from: Der Nussknacker / The Nutcracker op. 71

Klavierkonzert Nr. 1
Piano Concerto No. 1
b-Moll / Bb minor op. 23
1. Satz / 1st Movement (Thema / Theme)

Peter Iljitsch Tschaikowsky
(1840 – 1893)
Arr.: Hans-Günter Heumann

Allegro non troppo e molto maestoso ♩ = 84

Sinfonie Nr. 9
Symphony No. 9
"From the New World" op. 95
2. Satz / 2nd Movement (Thema / Theme)

Antonín Dvořák
(1841 – 1904)
Arr.: Hans-Günter Heumann

Klavierkonzert

Piano Concerto

a-Moll / A minor op. 16

1. Satz / 1st Movement (Thema / Theme)

Edvard Grieg
(1843 – 1907)
Arr.: Hans-Günter Heumann

Allegro molto moderato ♩ = 84

Solvejgs Lied

Solvejg's Song / La chanson de Solvejg

Edvard Grieg
(1843 – 1907)
Klavierarrangement vom Komponisten
Piano arrangement by the composer

aus / from: Peer-Gynt-Suite No. 2, op. 55

Land of Hope and Glory

(Trio)

Edward Elgar
(1857 – 1934)
Arr.: Hans-Günter Heumann

Largamente ♩ = 66

aus / from: „Pomp and Circumstance" op. 39 No. 1 (Trio)

Molto maestoso

Salut d'amour
op. 12

Edward Elgar
(1857 – 1934)

*) kleine Noten ad. lib. / small notes ad. lib.

Adagietto

cis-Moll / C# minor

Gustav Mahler
(1860 – 1911)
Arr.: Hans-Günter Heumann

aus / from: Sinfonie Nr. 5, 4. Satz / Symphony No. 5, 4th movement

Tempo I (Molto Adagio)

rit.

Noch langsamer

poco　　*a*

poco cresc.

ff

Drängend

mf *dim.* **pppp**

O Fortuna

Carl Orff
(1895 – 1982)
Arr.: Hans-Günter Heumann

aus / from: „Carmina Burana"

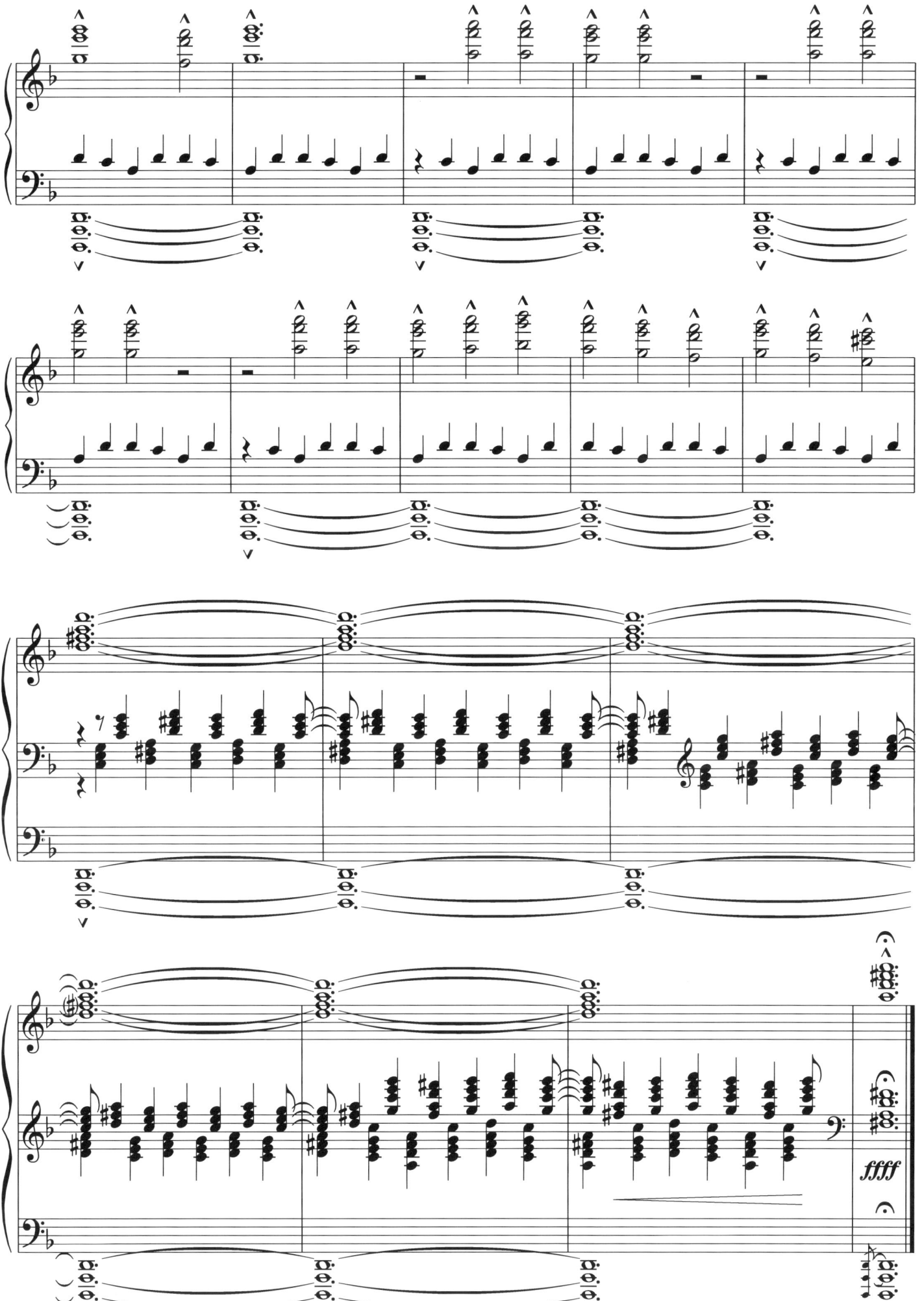

Rhapsody in Blue

George Gershwin
(1898 – 1937)
Arr.: Hans-Günter Heumann

Moderato assai

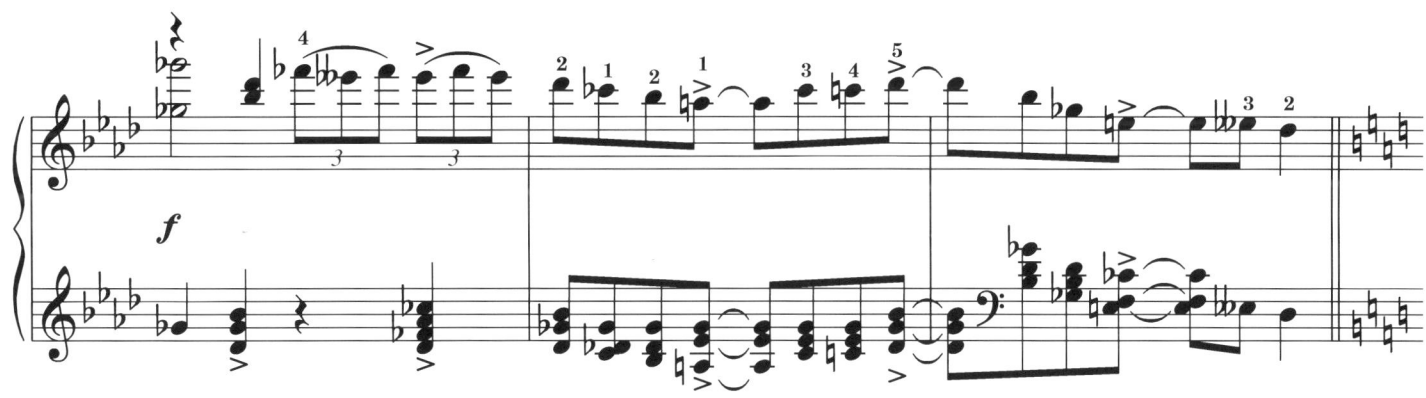

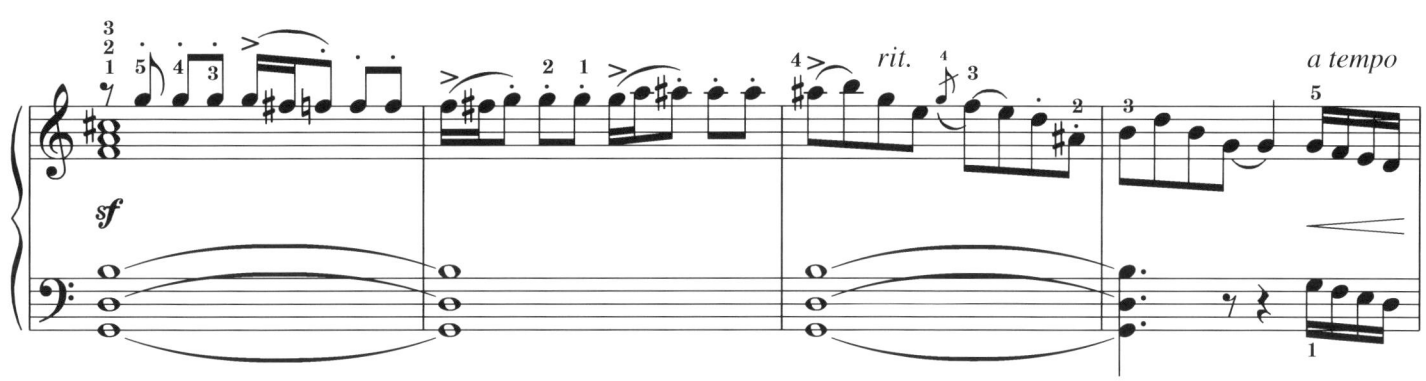

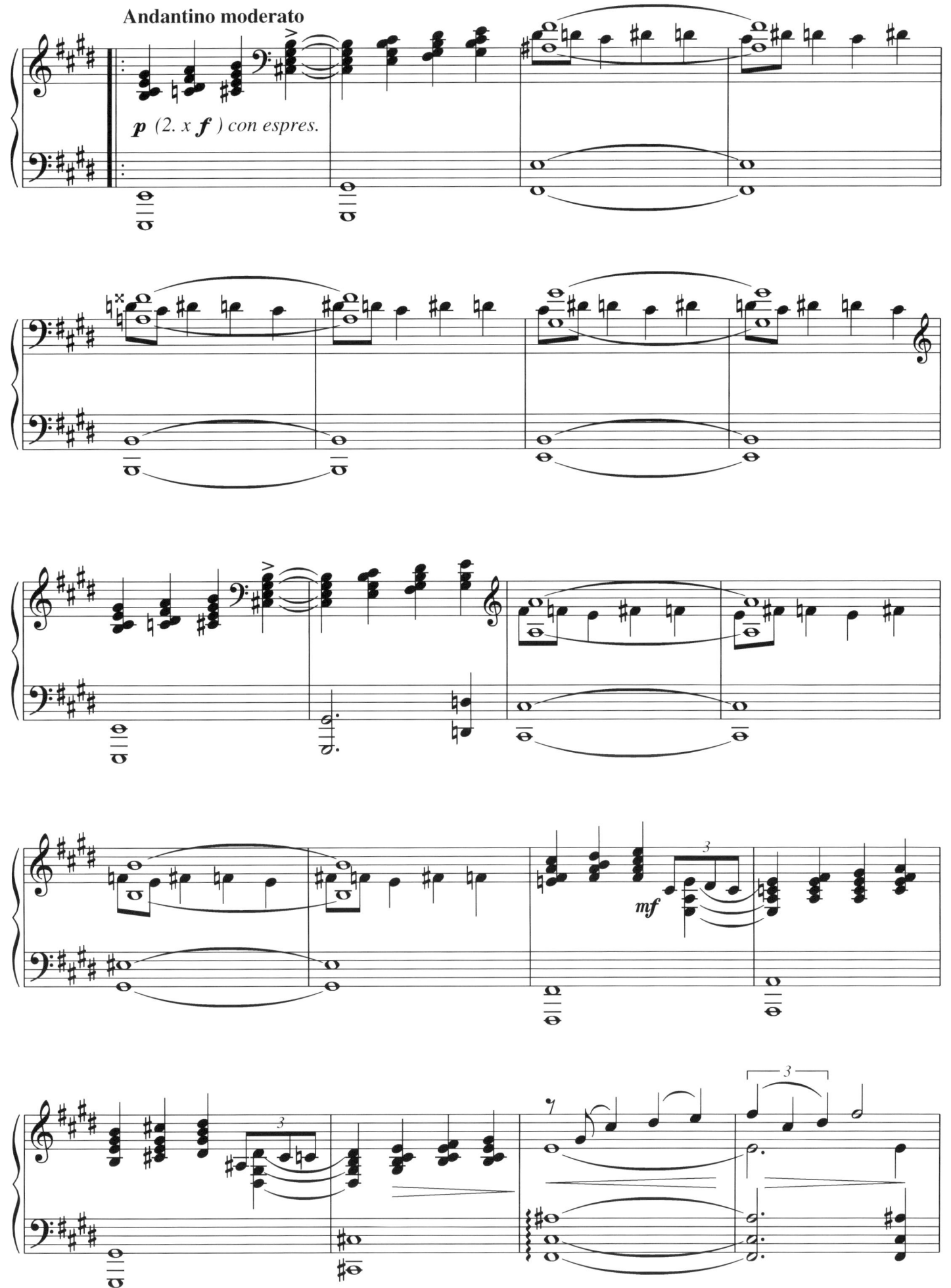

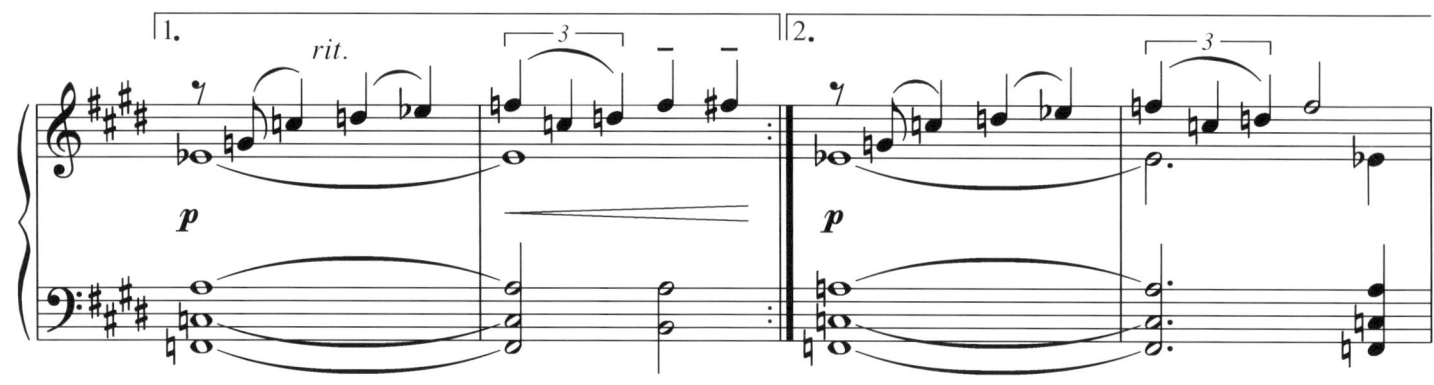

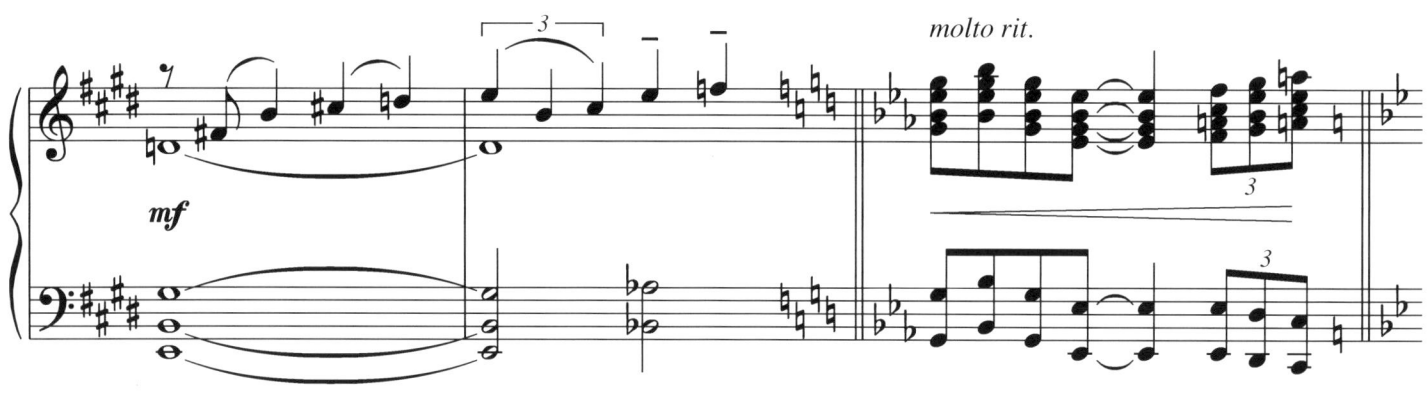

Schott Music, Mainz 59 285